말이 편해야 생각이 편하다

말이 편해야 생각이 편하다

초판 1쇄 인쇄 2015년 6월 10일
초판 1쇄 발행 2015년 6월 18일

저　자　**박대순**
펴낸이　**천봉재**
펴낸곳　**일송북**

주소　**서울시 성북구 성북로 4길 27-19 (2층)**
전화　**02-2299-1290~1**
팩스　**02-2299-1292**
이메일　**minato3@hanmail.net**
홈페이지　**www.ilsongbook.com**
등록　**1998. 8. 13 (제 303-3030000251002006000049호)**

ⓒ 박대순 2015

ISBN 978-89-5732-137-9-03700
값 13,800원

이 도서의 국립중앙도서관 출판시도서목록(CIP)은 서지정보유통지원시스템 홈페이
지(http://seoji.nl.go.kr)와 국가자료공동목록시스템(http://www.nl.go.kr/kolisnet)에
서 이용하실 수 있습니다.(CIP제어번호: CIP2015009669)

말이 편해야
생각이 편하다

|박대순의 맞춤법과 친해지는 우리말 이야기|

박대순 지음

'말이 편해야 생각이 편하다'를 펴내며

몸이나 마음이 거북하거나 괴롭지 않아서 좋을 때에 우리는 그것을 '편하다'고 합니다. 그렇습니다. '말이 편하다'는 얘기는 우리가 늘 내뱉는 말을 소통하는 데에 몸과 마음에 '거북하거나 괴롭지 않은 상태'를 유지한다는 뜻입니다. 적어도 대한민국이라는 한 울타리 안에서 태어나 우리말을 배우는 이상 대부분 말을 주고받는 데에 크게 불편을 느끼는 사람은 없습니다. 여기서 군이 '대한민국'이라고 밝힌 까닭은 이 책에서 다루는 우리말이 모두 '지금 여기서' 쓰는 현대어이기 때문입니다. 고대 우리말은 둘째 치고 불과 백여 년 전의 근대 우리말 정도도 저로서는 당장 읽고 이해하려면 불편하기 짝이 없습니다. 그나마 우리말 고유의 음운체계나 문법 질서가 정체성을 유지해 왔기에 다행히 현대어와의 단절을 면할 수는 있습니다. 사실 현대어라 해도 지역에 따라, 사회 계층이나 직업에 따라 또는 세대에 따라 소리 내는 방법이나 의미가 달라지는 판국에 우리말의 고유한 질서마저 무너진다면 더욱 소통에 불편을 느낄 것이 뻔한 이치입니다. 이 책은 그 불편을 조금이라도 줄이려는 노력의 하나로 쓰인 것입니다.

생물은 유기물을 분해하여 생활에 필요한 에너지를 얻기 위해 숨쉬기를 합니다. 말글은 우리의 정신 에너지를 움직이게 하는 원천이며, 말글을 통해 우리는 생활에 필요한 자신만의 환경을 만들어 나갑니다. 그런 환경 가운데 말글이 맑을수록 숨쉬기가 원활해지고 더욱 활기찬 삶을 이어 나갈 수 있을 것입니다. 15년 전, 첫 번째 맞춤법 이야기책 제목을 '말글과 함께 숨쉬기'라고 정한 까닭이 거기에 있습니다. 어느덧 15년 세월이 훌쩍 흘렀지만 우리의 말글 환경은 맑아지기는커녕 여전히 혼탁함에서 헤어 나오지 못하는 지경입니다. 물론, 누구나 언제 어디서든 쓸 수 있는 말글이기에 반드시 바르고 꼭 옳아야 할 필요는 없습니다. 그래도 한편엔 말글 질서를 지키며 제대로 숨 쉴 만한 공간 하나쯤은 만들어 놓은 일이 필요하다고 늘 생각해 왔습니다. 그런 맥락에서 이 책이 조금이나마 우리말을 편하게 하는 데에 기여한다면 저는 애오라지 위안을 삼을 수 있을 것입니다.

사람의 생각은 자신을 둘러싼 역사와 사회의 여러 조건에 의한 제약을 벗어날 수 없는 삶에 뿌리를 내리고 있습니다. 그 삶의 조건 가운데 가장 강력한 영향을 주는 것이 바로 말글이라 할 수 있습니다. 뒤틀리고 비뚤어진 말이 생각을 편하게 할 리 없습니다. 또 말글살이에 질서가 무너지면 생각 역시 혼란에 빠질 수밖에 없습니다. 생각은 말과 함께 같은 등반로를 오르는 셈이지요. 말과 생각은 그 어느 것이 앞선 것이 아니기 때문에 그 길이 불편하고 험하다면 생각 또한 편치 않을 것입니다. 우리의 생각은 머릿속에서 폭 넓은 연결망을 통해 갖가지 유무형의 사물을 만나 생각을 활성화하는데 그 만나는 점의 고리 역할을 하는 것이 바로 말글인 것입니다.

삼십대 중반부터 우연찮게 '우리말 바로 쓰기'라는 운동 아닌 운동에 관심을 기울이면서 딱히 '열정과 패기'라는 말이 어울릴지 모르지만 제 딴에는 그런 걸 쏟아 부운 채 도스르며 우리말을 불편하게 하는 요소가 무엇인지에 매달렸습니다. 계기는 이랬습니다. 90년대 초, 하이텔 천리안 등의 개통으로 피시통신이 일반화되면서 모뎀을 통한 사이버 세상은 날로 넓어지는 추세였고, 나 역시 초창기부터 그 미지의 세상에 뛰어들어 이리저리 잰걸음을 옮겨 다녔습니다. 아무래도 글쟁이이다 보니 글 쓰는 사람들이 모인 곳에 자주 기웃거렸고 동호회니 뭐니 하는 곳에도 몇 군데 가입했습니다. 그런데 피시통신을 이용하면서 줄곧 떠나지 않는 생각이 있었습니다. 한창 피시통신에서 만들어진 신조어들 역시 '통신문화'라는 새로운 가치를 이루는 한 저변이니까 굳이 마다하는 처지도 아니었고, 말글이란 게 쓰는 사람의 의지와 생각이 가장 중요하니까 그러려니 하고 지나치곤 했지만 한편으로 이러다가 정말 '우리말의 정체성까지 사라지는 게 아닐까' 하는 염려가 자리 잡은 것입니다. 날이 갈수록 그야말로 무차별하게 우리말의 질서와 바탕이 무너지는 현장을 쭉 지켜보면서 같은 모국어를 쓰는 한 사람으로서, 또 누구보다 그 모국어를 아끼고 보듬으며 독자에게 전할 글쟁이로서 참으로 참담하기 짝이 없었습니다. 마치 사랑하던 여인이 낯모를 점령군에게 잡혀 행패를 당하는 기분이었습니다.

우리가 말글을 익혀 자기 것으로 만든다는 얘기는 말글 속에 실현된 공동체의 일정한 세계관에 따라 그려진 전체의 모습에 걸맞게 자신의 의식을 빚어서 만드는 것과 같습니다. 우리말이든, 영어든, 일본말이든, 건설 용어든, 법조 용어든 모든 말글에는 이미 실현된 '세계상'이 존재합니다. 그것을 그려 내고 지켜 나가는 주체 역시 그 말글을 쓰는 사람 자신입니다. 세계상이 일그러지고 무너지면 그 공동체의 미래는 암담할 수밖에 없습니다. 그런 점에서 말글을 바르게 익히고 쓰는 일은 개인의 삶뿐 아니라 공동체의 발전과 역사를 위해서도 의의를 지니는 것이라고 생각합니다. 결국 사람은 말 속에 살아 있는 어떤 것에 함께하면서 비로소 자연적인 존재에서 역사적인 존재로 바뀌는 것이지요. 그렇게 거창하지 않더라도 이 책을 통해 말을 편하게 하기 위한 더 나은 방법에 관하여 한번쯤 관심 가져 보는 것도 크게 나쁘지 않을 터입니다. 행여 누구를 계도하고자 하거나, 여느 책처럼 바르게 쓰지 않는 사람을 몽땅 죄인으로 만들고, '순화'라는 명목으로 또 다른 말글 감옥에 언중을 가두려는 불순한 의도는 전혀 없으니 골 아픈 문법 용어와 어쩌다 마주치더라도 미리 겁먹을 필요 없이 담대하게 씹어 드셨으면 하는 마음 간절합니다.

두 번째 우리말 이야기책을 세상에 내보내는 올해는 어느덧 글쟁이, 혹은 편집쟁이로서 제가 말글과 함께 숨을 쉬며 뛰어 논 지 25주년 되는 해이기도 합니다. 한물간 가수도 잊혀진 팬들을 위해 데뷔 25주년 공연을 하는데 저 역시 사랑하는 모국어로 줄기차게 밥 벌어 먹은 보답으로라도 그 모국어를 좀 더 편하게 쓸 수 있도록 하는 데에 힘을 보태고 싶습니다. 그래서 출판 편집인들의 모임 인터넷 카페와 블로그 등을 중심으로 몇 해 동안 연재해 오던 우리말 바로 쓰기 칼럼을 모아 이렇게 다시 책으로 선보이게 되었습니다.

세 개 마당으로 짜인 이 책은, 첫째 마당에서 주로 우리말 전반에 걸쳐 평소에 새겨둔 생각을 정리한 이야기를 다루었고, 둘째 마당에서는 자칫 어렵게 여길 수도 있는 문법과 맞춤법에 관한 이야기를 누구나 친해질 수 있도록 정리하였습니다. 셋째 마당에서는 우리가 흔히 잘못 쓰거나 틀리게 쓰는 말을 골라 바람직한 쓰임을 제시하였습니다.

그동안 우리의 어문 환경도 좀 더 실생활에 걸맞은 쪽으로 규정을 완화하는 등 여건이 바뀐 게 사실이지만 나날이 진화해 가는 디지털 문화의 홍수 속에서 우리 말글의 몸짓은 여전히 위태로워 보이기만 합니다. 하나의 비유를 인용하자면, 물속에 사는 고기는 자신의 삶을 위해 물이 얼마나 지배적인 영향력을 지녔는지 모른 채 열심히 헤엄쳐 다닙니다. 말글도 마찬가지입니다. 우리는 누구나 객관적인 언어 구조를 그대로 받아들일 수 있습니다. 하지만 그것이 얼마나 우리의 생각과 삶을 이끌고 형성하는지는 모릅니다. 따라서 말글을 그대로 받아들이는 것은 숙명이지만 그것을 자신의 삶을 결정하는 요소로 반영하는 것은 저마다의 자유일 터입니다. 이제 어떠한 선택을 하느냐 하는 문제만 남는 것입니다. 디지털 문화의 범람으로 이제 누구만의 문제가 아닐 정도로 요즘 세태를 보면 다시 우리말이 그 어느 때보다 위기에 처했다고 해도 지나친 말이 아닙니다. 보는 이에 따라서는 그런 인식이 조급한 국수주의로 비춰질 수도 있겠지요. 또한 엄연히 나라에서 정하는 어문 규정이 있고, 그것에 따라 사회 전반에 통하는 말글 질서가 유지되는데 쉽게 무너지기야 하겠냐고 할 수도 있지만, 알 수 없는 발음으로 멀쩡한 음운체계가 뒤흔들리고 이도저도 아니게 통사구조를 바꾸어 놓는다면 십 년, 아니 오 년 뒤에는 아예 세대끼리 통역이 필요한 시기가 올지도 모를 일입니다. 그때를 대비해서라도 우리말의 굳건한 바탕과 질서를 잘 지키는 일이 중요함을 다시 한번 되새겨야 할 터입니다. 그렇게 하면 언제까지라도, 비록 적잖이 세태에 오염되더라도 우리말의 정체성은 역사와 함께 끈질긴 숨결을 이어갈 것입니다. 끝으로 이 책이 나오도록 힘써 주신 일송북 천봉재 대표님께 고마움을 전합니다.

2015년 봄 어귀, 동해가 보이는 집필실에서

박 대 순

둘째 마당

알아두면 좋은 문법, 맞춤법

셋째 마당

바로 쓰면 더 좋은 우리말

ㄱ
ㄴ
ㄷ
ㄹ
ㅁ
ㅂ
ㅅ
ㅇ
ㅈ
ㅊ
ㅋ
ㅌ
ㅍ
ㅎ

말글과 함께 숨쉬기

'기역'은 왜
기역일까

나는 내 이름을 별로 좋아하지 않습니다. '삼순이'는 아니더라도 이름 끝에 '순'자가 들어가다 보니 여자로 오해받은 적이 지금까지 3280번 정도는 되는 것 같고요. 점 같은 건 믿지 않지만 자라면서 이름이 별로 좋지 않다는 얘기를 역술하는 사람들을 통해 몇 번 들은 기억도 납니다. 몇 년 전에는 강원도 영월 법흥사 근처 어느 암자에서 수도하는 지인을 찾아갔다가 그의 스승격인 도사가 내 책을 보더니 단박에 이름을 바꿨으면 베스트셀러가 됐을 것이라며 아쉬움을 토로하기도 했을 정도니 믿거나 말거나.

사실 이름 때문에 철없던 시절 싸우기도 많이 싸웠습니다. 내가 잘 먹지 않는 어떤 음식 이름을 내 이름에 빗대어 놀리는 녀석은 여지없이 패 주기도 했지요. 고등학교 때에는 경고의 의미로 한 녀석을 골라 의자로 머리를 때려 일곱 바늘을 꿰매게 만드는 바람에 정학을 맞을 뻔한 적도 있으니 어지간히 이름과 사이가 안 좋았나 봅니다. 내 경우가 아니더라도, 사람 이름이든 사물 이름이든 한번 정해서 고유명사로 자리를 잡은 것은 제 맘에 들지 않는다고 마음대로 바꿀 수는 없는 노릇입니다. 이미 고인이 된 분들을 찾아가 일일이 따질 수도 없으니 훗날을 고려하면 더 더욱 함부로 지어선 곤란하겠지요.

나비 이름 중에 '엔다지옥나비'라는 게 있는데 미기록종이던 그 나비를 처음 발견한 곤충학자가 흔한 뱀눈나비 종류인 줄 알고 '에따! 지옥에나 가라' 하고 버렸다가 다시 보니 귀한 나비임을 알고 장난처럼 이름을 그렇게 붙여버린 경우도 있지만 사람 이름을 지을 때에는 뒷날 후손이 엉뚱한 피해자가 되어 스트레스 받는 일이 없도록 신중할 필요가 있는 것입니다. 어차피 '개똥'이거나 '삼순'이거나 언어학적으로 보면 이름의 의미는 그 이름 자체에 있는 게 아니라, 다른 요인들로 인해 비로소 생겨나는 게 사실이긴 해도 여전히 나는 내 이름이 마음에 들지 않습니다. 젊은 시절 자유기고가 활동을 할 때 이런저런 이유로 '박동혁'이나 '박희운'이란 필명을 쓴 적도 있는데 애당초 '김현'이란 필명으로 명성을 얻음으로써 '김광남'이란 얼핏 다른 뜻을 떠올리게 하는 본명을 깊숙이 감춰둘 수 있었던 죽은 문학평론가의 그것에 걸맞은 명예를 얻기엔 거리가 멀었지요. 이제 와서 바꾸자니 이미 책 몇 권 내면서 인물 검색에도 뜨고 세상에 어쭙잖은 명함 정도는 내민 처지라 갑자기 독자들에게 혼란을 주는 것은 그다지 바람직스럽지 않은 짓 같기도 합니다.

들머리가 길어졌는데, 한글 자모의 첫 번째 자리를 차지하고 있는 'ㄱ'(기역)의 이름도 그렇습니다. 이 녀석은 어찌된 일인지 '디귿', '시옷'과 더불어 다른 자음들, 즉 니은, 미음, 비읍, 지읒, 치읓과는 다른 형태의 이름을 지니고 있습니다. 무슨 까닭일까요? 저 혼자 튀고 싶었던 걸까요?

그 이유를 알기 위해선 먼저 우리가 쓰는 한글 자모에 처음 이름을 붙인 사람이 누구인가 알아야 합니다. 교과서에서는 한글 자모의 이름과 배열 순서는 중종 시대의 통역관이자 탁월한 국어 학자였던 최세진의 훈몽자회(訓蒙字會)》(1527)에서 그 전체적인 윤곽이 정해진 것으로 가르치고 있습니다. 그런데 학계에서는 오로지 최세진 선생이 우리말 자모에 이름을 붙인 것으로 보지는 않습니다. 단순히 소리값을 나타내기 위해 한자음을 빌려 이두식 표현을 쓴 것으로 인식하기도 하는 것이지요.

어쨌거나 최세진 선생은 어린이용 한자 학습서인 훈몽자회 하권 범례(凡例)에서 '俗所謂反切二十七字'라 하여 언문을 훈민정음에서 'ㆆ'을 제외한 27자로 정하고, 초성과 종성에 통용되는 8자와 초성에만 쓰이는 자음 8자의 소리값 이름을 다음과 같이 붙여서 배열했습니다.

① 초성종성통용 8자: ㄱ 其役, ㄴ 尼隱, ㄷ 池末, ㄹ 梨乙,
　　　　　　　　　　 ㅁ 眉音, ㅂ 非邑, ㅅ 時衣, ㆁ 異凝,

② 초성독용(獨用) 8자: ㅋ 箕, ㅌ 治, ㅍ 皮, ㅈ 之, ㅊ 齒,
　　　　　　　　　　 ㅿ 而, ㅇ 伊, ㅎ 屎,

③ 중성독용 11자: 아 阿, 야 也, 어 於, ㅕ 餘, 오 吾, ㅛ 要,
　　　　　　　　 ㅜ 牛, ㅠ 由, ㅡ 應(不用終聲), ㅣ 伊(只用中聲),
　　　　　　　　 · 思(不用初聲)

최세진 선생은 위에서 이두식 표현의 한계 때문에 밑줄 친 디귿과 시옷을 소리로 읽지 말고 뜻으로 읽도록 했으며, 역시 우리말에 한자어 소리가 없는 '윽' 대신에 'ㄱ'을 '其役'(기역)이라고 표시했습니다. 결국 그것이 빌미가 되어 근세에 이르러 한글 자모의 이름을 정하게 되면서 최세진 선생의 본디 의도야 어디에 있든 '기역'으로 할 것인가 '기윽'으로 할 것인가에 대한 수많은 논란을 불러오게 됐습니다.

오늘날까지 일부에서는 '기윽'으로 고집하는 사람도 있지만, 해방 이후 북한 학자들이 발 빠르게 우리말을 순화하고 정비하면서 'ㄱ'의 이름뿐 아니라 디귿을 '디읃'으로, 시옷을 '시읏'으로 모조리 통일시켜 버렸고, 남한은 1933년 조선어학회에서 한글맞춤법통일안을 정할 때에 자음 배열에서 초성종성통용 8자의 이름은 그대로 받아들인 것을 쓰게 되면서 여전히 'ㄱ'의 이름은 '기역'으로 기억되는 것입니다. 우리야 상관없겠지만 우리말을 배우려는 외국인의 입장에서 보면 그렇게 예외적인 틀로 글자 이름이 만들어진 까닭을 납득하기란 보통 어려운 일이 아닐 것입니다. 'ㄱ'을 '기윽'으로 읽지 않고 '기역'으로 읽어야 하는 까닭을 '한글'을 처음 배우는 우리 아이들에게 이해시키는 것만큼 말입니다. 그래서 이래저래 우리말이 어렵다는 말이 나오는 것인지도 모릅니다.

당신은 '봄볕'을
좋아하나요?

아, 사월이군요.

봄볕을 몸에 바른 목련이 벌써 흐드러지게 골목을 뒤덮고 있습니다. 긴 겨울 수고한 햇볕이 이제 옷을 갈아입고 따사로움을 간직한 채 손길로 살포시 얼굴을 어루만져 줍니다. 쉽게 잊혀질세라 조심스럽게 봄볕을 몸에 바르며 걷다 보니 또 하나 궁금한 것이 생각났습니다.

난 '봄볕'이 좋은데 다른 사람들은 어떨까? 잘 나가다가 생뚱맞게 뭔소리야 할 사람도 있겠지만 말 그대로 소리에 관한 이야기입니다. 난 봄볕을 읽을 때에 그냥 봄볕[봄볕]으로 읽습니다. 그런데 그건 표준발음법에 어긋나는 것입니다. 한글맞춤법 표준발음법에 따르면 봄볕은 [봄뼏]으로 소리 내야 맞습니다. 사잇소리 현상 때문이지요.

사잇소리 현상이란 두 개의 형태소 또는 낱말이 어울려 합성명사를 이룰 때, 앞의 말 끝소리가 울림소리(유성음)이고, 뒷말의 첫소리가 안 울림 예사소리이면, 뒤의 예사소리가 된소리로 변하는 것을 말합니다. 예를 들면 앞서 언급한 봄볕 말고도 봄비[봄삐], 등불[등뿔], 밤길[밤낄], 물독[물똑], 손등[손뜽]으로 소리 내는 현상이 그것입니다.

왜 이처럼 사잇소리 현상이 일어나는 것일까요? 바로 앞 음절의 끝소리를 빨리 닫게 하고 다음 음절의 첫소리를 된소리로 쉽게 내도록 하기 위해서입니다. 다시 말해 한 낱말 안에서 같거나 비슷한 두 음이 이웃하여 있을 때, 그 가운데 한 음을 다른 음으로 바꾸거나 탈락시켜, 발음의 단조로움을 피하는 음운 현상이 일어난 것입니다. 그것을 우리말 문법에서는 '이화 현상'이라고도 하지요.

대개 그 같은 이화 현상은 형태소와 형태소가 연결될 때에 생겨납니다. 하지만 형태소가 결합하는 모든 경우에 덧붙여지는 것이 아니기 때문에 순수한 음운 현상은 아닌 셈이지요. 왜냐하면 같은 조건 아래서도 사잇소리 현상은 소리 내는 사람에 따라 봄볕의 경우처럼 나타나기도 하고 그렇지 않기도 하니까요. 그런 예가 우리말에는 수도 없이 많습니다.

그래서 이렇다 할 뚜렷한 규칙을 세우기란 쉽지 않은 일인데 한글 맞춤법 표준발음법 제6장 된소리되기 제28항에는 '표기상으로 사이시옷이 없더라도 관형격 기능을 지니는 사이시옷이 있어야 할 합성어의 경우에는 뒤 낱말의 첫소리 'ㄱ, ㄷ, ㅂ, ㅅ, ㅈ'을 된소리로 발음한다'고 정하고 〈문-간, **고리**, 살〉, 〈산-**바람**〉, 〈눈-곱, **동자**, 대중〉, 〈산-개, 골, 굴, 밤, **새**〉, 〈손-가락, **재주**, 등〉, 〈길-**가**, 바닥, 손〉, 〈바람-**결**, 구멍, 소리〉, 〈그믐-**달**〉, 〈아침-**밥**〉, 〈강-**가**, 줄기〉 등의 예시를 들어 사잇소리 현상에 따른 표준 발음법을 제시했습니다.

여기서 문제는 '관형격 기능을 지니는 사이시옷'이란 부분인데 언어 습관에 따라 이미 형태적으로 굳어진 한 낱말에서 그것을 가려내기란 사실상 거의 불가능합니다. 괜히 더 소리 내는 것을 헷갈리게 할 뿐이죠. 예컨대, 위에 제시된 예시에 굵은 글씨로 표시된 것을 여러분이 읽어 보세요. 반드시 된소리로 내지 않아도 소리 내는 데에 크게 불편하지 않습니다. 반드시 규칙대로 된소리를 내야 할 까닭이 없다는 얘기지요.

　법과 규칙은 공동체가 유지되고 발전하는 데에 반드시 필요하지만 때로는 현실을 무시한 채 적용됐을 때에 그것의 필요를 느끼지 않는 자유인을 억압하는 도구가 될 수도 있습니다. 그 대표적인 게 한글 맞춤법의 사잇소리 현상에 대한 규정이라고 생각합니다. 그냥 봄볕이 반가워 걷다가 잠깐 떠올라서 주절거려 보았습니다.

'완전 ~',
'완소남'을
어찌해야 하나

어느 시대이건 유행어는 태어나게 마련입니다. 사람이 말과 글을 쓸 줄 아는 한 어떤 사회가 도래해도 그건 변함없는 사실일 터입니다. 유행어의 속성은 사전에도 풀이된 대로 수명이 짧은 것이 특징입니다. 그런데 경우에 따라서는 오래 오래 하나의 어엿한 어휘나 낱말로 살아남아 사전에 자리 잡기도 합니다. 유행어가 한때를 풍미하는 건 그 시대상을 반영하는 그럴 만한 이유가 있기 때문입니다. 호기심에 의한 것이건, 어떤 대상을 비아냥거리기 위한 것이건, 단순히 재미만을 위한 것이건, 유행어는 우리 시대의 자화상임에 틀림없습니다.

유행어는 새롭게 태어난 말일 수도 있고, 이전에 쓰던 말을 재밌게 표현한 것일 수도 있습니다. 다시 말해 어떤 말이든 신조어로서 유행어가 될 수 있고, 재미를 위해 어법이 조금 바뀐 모습으로 탄생할 수 있습니다. 유행어가 생겨난 배경을 이해하고 쓰임에 대해 서로 공감한다면 그게 꼭 나무랄 일만은 아닙니다. 하지만 함부로 어법을 바꾸는 것은 우리말의 정체성에 흠집을 낼 수 있는 중요한 사안이기 때문에 아무리 너나 할 것 없이 쓴다 해도 매우 조심스럽게 접근해야 할 문제입니다. 예컨대, 요즘에 언론 매체에도 기사에 버젓이 쓰고 있는 '완전 ~' 이런 표현이 대표적인 것입니다. 텔레비전 방송이나 광고에선 이미 '완전 소중한 남자'에서 파생된 '완소남'이란 신조어를 거리낌 없이 쓰고 있고, 인터넷 뉴스 기사를 검색하면 수만 개의 관련 기사가 떠오릅니다.

'완전 소중한'을 줄인 '완소'란 말은 2006년 1월부터 3월까지 문화방송에서 '궁'이라는 드라마가 방영되면서 생겨났습니다. 디시인사이드 포털의 '궁' 갤러리에서 일부 누리꾼이 '완소 은혜', '완소 리본' 등으로 주인공들을 표현하고 황태자 주지훈이 '완소남(완전 소중한 남자)'으로 등극하면서 프로그램의 인기와 더불어 순식간에 퍼져 나가게 됐습니다. 이어 문화방송의 다른 코미디 프로에서 유행어처럼 같은 표현이 쓰이더니 어느 광고에서 '완전 맛있어'라는 표현으로 발 빠르게 변형되었고, 영화 제목, 책 제목으로까지 쓰이고 심지어 우리말을 제대로 가르쳐야 할 국어 참고서 제목을 '완전 소중한 국어'라고 붙이는 데에까지 이르렀습니다. 사정이 그렇다 보니 이제 웬만한 용언 앞에 '완전'을 붙여도 아무렇지도 않게 쓰이는 판국입니다. 한 누리꾼의 발랄한 언어감각으로 탄생한 유행어가 마치 이전부터 우리말 문법에 맞는 문장처럼 사람들 입에 두루 오르게 된 것이지요. 그것은 무슨 시대상을 반영하고 풍자하고 그런 것과는 아무 관계가 없습니다.

한편으로는 누구나 보편적으로 쓰는 것이니 그냥 소통을 위해 받아들이면 어떠냐고 반문할 수도 있습니다. 하지만 그러기에는 '완전'이란 낱말의 통사적 무게감이 결코 만만치 않습니다. 본디 '완전'이란 낱말은 '완전 정복', 완전 최고, '완전 만족' 등에서처럼 일부 명사 앞에서만 쓰이며, '필요한 것을 모두 갖춰 모자람이나 흠이 없다'는 뜻을 지닌 명사입니다. 그러니 문법을 조금만 안다고 해도 용언인 '맛있다'나 '소중하다' '잘생겼다'를 수식하도록 쓸 수는 없는 것입니다. 그것을 무시하면 우리말 질서를 뿌리째 흔드는 것이 될 수도 있습니다. 우리말 문장에서 용언을 수식하도록 하려면 앞에 부사가 와야 하는데 '완전'을 '완전히'라는 부사로 바꾸어도 뜻이 어울리지 않는 건 마찬가지입니다.

'들' 이야기

오랜만에 들녘으로 나들이를 다녀왔습니다. 아직 부족한 봄볕에 움츠린 채 부산함을 감추고 있지만 들에는 여전히 넉넉함이 숨 쉬고 있었습니다. 그렇습니다. 예부터 들은 산과 더불어 우리네 삶의 터전이자 '들에서 나는 푸성귀를 먹게 될 것이다'는 창세기 말씀처럼 몸과 마음을 살찌우는 밑절미가 되어 왔습니다.

그래서인지 삶의 의욕이 떨어졌을 때에 이따금 끝 모를 들판을 마주하다 보면 알 수 없는 생기가 돋아나는 것 같습니다. 우리말을 보면 옛사람들도 아마 나와 비슷한 심정이었음을 짐작할 수 있습니다. '하고 싶은 일이 있거나 마음이 어수선하게 들떠서 움직이는 것'을 '들썽이다'라는 말로 표현했습니다. 그뿐만이 아니지요. 널려서 아주 흔한 것을 '들어 쌔다'라고 했고, 분량이나 수효가 어떤 범위 안에 가득한 차 있는 것을 '들묫하다'라고 했습니다. 게다가 '굶주린 녀석들이 들입다 들이닥치는 데에 어쩔 도리가 없었습니다' 하는 식으로 막 무리하게 힘을 들이는 모양을 '들입다'라고 표현합니다. 심지어 단위에서는 통이나 그릇 따위의 안에 넣을 수 있는 물건 부피의 최댓값을 나타내는 '들이'라는 낱말도 있으니까요.

들녘을 바라보며 만들어 냈든, 들판에서 곡식을 일구다 떠올렸든, 어쨌거나 '들'이라는 말은 우리말에서 하나 이상, 또는 어느 정도 이상을 뜻하는 말로 생겨났음이 분명합니다. 그 점은 우리말에서 '들'이 여럿의 뜻을 나타내는 낱말의 대표선수로 활약하는 데에서 좀 더 확실하게 드러나지요.

잘 아시다시피 '들'은 두 개 이상의 사물을 나열할 때, 그 열거한 사물을 모두 가리키거나, 그 밖에 같은 종류의 사물이 더 있음을 나타내는 의존명사이고, 그 문장의 주어가 복수임을 나타내는 보조사이자, '복수'의 뜻을 더하는 접미사로 쓰입니다.

그런데 복수를 나타낸다고 해서 '들'이 때와 장소를 가리지 않고 쓰이는 것은 아닙니다. 다음과 같은 네 문장에서는 '-들'을 쓸 수 없습니다.

　㉮ [인간들은 만물의 영장이다.]
　㉯ [적군 넷들을 사살했다.]
　㉰ [누나 네 명들이 모두 시집갔다.]
　㉱ [세월들이 많이 흐른다.]

말하자면, 몇 개인지 수를 셀 수 없는 '세월', '물', '사랑', 공기, 행복 등과 같은 셀 수 없는(불가산명사)와, '하나 둘 셋 넷' 등의 수사에서는 '-들'

을 사용할 수 없습니다. 또 수를 셀 수 있는 가산성의 명사라도 특정한 상황이 전제되지 않으면 '–들'을 붙일 수 없는 것입니다. 좀 더 예를 들면 이렇습니다.

　　㉠ [우리나라 사람은 참 부지런해.]
　　㉡ [우리나라 사람들은 참 부지런해.]

위 문장에서 ㉠의 '우리나라 사람은 참 부지런해'는 말이 되는데 ㉡의 '우리나라 사람들은 참 부지런해'는 틀린 말이 됩니다. 올바른 말이 되려면 'LA에 사는 우리나라 사람~'이나 '어떤 우리나라 사람들은~'처럼, 특정한 상황이 전제되어야만 '–들'을 붙여 쓸 수 있습니다. 문법 책 같은 데에선 총칭 복수니, 집합 복수니 어렵게 떠들고 있지만 '우리 조국'을 '우리들 조국'으로 쓰지 않는 데에서 알 수 있듯이 그냥 복수적인 성격보다는 단일성을 강하게 나타낼 때에는 '들'을 붙이지 않는 것이 맞습니다. 그것은 우리의 언어 습관상 누구나 잘 알 수 있지요. 요컨대, 특정하게 지시할 수 있는 어떤 사람들 몇 명이 전제가 될 때에만 '들'을 붙이면 됩니다. 다시 말하면 불특정 다수의 일반적인 사람을 나타내는 것은 '–들'을 쓰지 않는 것이 더 정확한 우리말 표현이 되는 것인데 요즘에는 우리말 문법을 제대로 모르는 번역가들 탓에 많은 책에서 버젓이 맞는 말인 양 쓰이는 것을 볼 수 있습니다.

이와는 반대로 셀 수 없는 명사지만 '사실', '사건', '설명' 등의 명사는 그러한 대상이 여러 개가 있는 경우 접미사 '–들'을 붙여 '사실들', '사건들', '설명들'과 같이 쓸 수 있습니다. 예컨대, '유영철 사건, 강호순 사건, 정남규 사건 같은 연쇄 살인 사건들에 대해 경찰의 대책이 마련되었다'라는 문장에서는 복수접미사 '–들'을 붙일 수 있습니다. 문제는 우리말 복수접미사 '–들'의 의미와 기능이 다른 언어와 같지 않은데도 원문의 표현이 복수라고 해서 기계적으로 단수와 복수를 갈라서 문법적 형식을 구분한 채 우리말 표현을 하는 번역 문장들입니다. 우리말 어법에 맞게 원문의 의미를 잘 나타낼 수 있는 표현을 선택하지 않으면 때때로 의미가 다르게 전달되는 경우도 허다합니다.

사실 외국어와 달리 우리말에서는 수효를 나타내는 표시가 문법적으로 크게 작용하지는 않습니다. 이 '들'이라는 표현은 수효가 아니더라도 '차린 건 없지만 많이들 드세요'라든지, '떠들지들만 말고 자습해야지', '그 따위로 노니 그 모양이지. 잘들 해 봐!' 같은 문장에서 보이듯이 생략된 주어가 복수라는 것을 드러내는 표현으로도 자주 쓰입니다. 또 주어가 생략되지 않았더라도 언어 습관상 '죽순이들은 만날 클럽에서들 그러고들 있어요'와 같이 표현하기도 하는데 이 문장에서 '클럽에서들' '그러고들'에 붙은 '들'은 '죽순이'에 복수를 나타내는 보조사 '들'이 붙어 있기 때문에 군더더기에 지나지 않지만 우리는 일상에서 얼마든지 쓰기도 합니다. 이래저래 '들'은 넉넉함을 타고난 낱말임에 틀림없습니다.

지난주에 바다에 다녀왔습니다. 봄 바다입니다. 저물녘, 제각기 일어서다 쓰러지는 파도가 흰 손을 내밀어 반깁니다. 아프거나 혹은 눈부신 기억들이 슬그머니 잠 깨어 포말과 어우러집니다. 바다가 아니었다면 삶은 얼마나 고적했을까 떠올려 봅니다. 이내 바다에 어둠이 깔리고 침략처럼 닥쳐온 바람이 밤바다를 점령합니다.

같은 바다인데 나는 왜 '밤바다'를 붙여 쓰고 '봄 바다'를 띄어 썼을까. 곰곰이 생각하다 우리말 맞춤법이 때로는 매우 고약하다고 여깁니다. '봄+바다', '밤+바다'의 형태로 이루어진 똑같은 명사 합성어이지만 '봄 바다'는 띄어 써야 맞고 '밤바다'는 붙여 써야 맞습니다. 이 무슨 해괴망측한 법칙일까요?

합성어는 우리말 띄어쓰기를 참으로 어렵게 만드는 녀석이기도 합니다. 한글 맞춤법에는 띄어쓰기 규정만 정해져 있을 뿐 어떤 낱말을 어떻게 띄어 쓴다고 일일이 그 쓰임새를 들어 놓지는 않았습니다. 그러다 보니 올바른 띄어쓰기를 하려면 전문가라도 그때그때 국어사전을 확인해 봐야 합니다.

그런데 문제는 그 놈의 사전조차도 미친 년 널뛰듯 띄어쓰기가 제멋대로라는 점입니다. 실제로 초중고 국어 교과서 띄어쓰기를 중심으로 엮은 〈초중고 교과서 159권에 따른 바른 띄어쓰기 맞춤법〉과 우리말 정책의 모든 실무를 담당하는 국립국어원에서 펴낸 〈표준국어대사전〉, 그리고 교육부 정부 정책과제 답신 보고서에 기초한 우리말 우리글 바로쓰기 사전으로 대한교과서주식회사에서 펴낸 〈띄어쓰기 편람〉의 세 종류의 책에 나온 띄어쓰기가 각각 다릅니다. 동사나 형용사의 경우에는 '본용언과 보조용언은 띄어 쓰는 것이 원칙이지만 붙여 쓸 수 있다'라는 허용 기준이 있어서 그나마 덜 헷갈리지만 명사의 경우에는 고유명사와 전문 용어만 붙여 쓰는 것을 허용하기 때문에 합성명사가 나올 때마다 교정 교열 담당자들의 얼굴은 일그러지게 마련입니다.

예컨대, 표준국어대사전 하나만 해도 '외딴집'은 붙여 쓰는데 '외딴 방'은 띄어 써야 합니다. 도대체 그 까닭을 알 수 있는 사람이 대한민국에 몇 명이나 될까요. 또 '물속', '땅속'은 한 낱말인데 '바닷속'과 '숲속'은 한 낱말이 아니라서 띄어 써야 맞습니다. 그 까닭은 교정 교열을 26년씩이나 해먹고 있는 나도 모르고 며느리도 모릅니다. 용언의 경우에도 마찬가지입니다. '알아보다', '찾아보다', '살펴보다'는 붙여 써야 맞지만 '믿어 보다', '써 보다' 같은 것들은 띄어 써야 맞습니다. 뭐, 좀 더 많은 사람이 써서 이미 한 낱말로 굳어진 것이기 때문이라는 궁색한 이유가 있긴 하지만 지나 가던 개가 '니들 참 애쓴다' 하고 웃고 갈 일입니다.

어찌됐든, 아직까지는 일관된 원칙이 없기 때문에 교정 교열 담당자들은 문제의 낱말이 나올 때마다 사전을 찾아 씨름해야 하는 슬픈 현실을 받아들여야 합니다. 그런 판국이니 전문가랍시고 일반인들에게 띄어쓰기가 이러니저러니 하는 건 아무래도 가진 자의 오만에 지나지 않는다고 생각합니다.

준말 이야기

인터넷 뉴스를 보니 김진태 검찰총장이 자신을 촬영하던 기자들에게 막말을 했다는 기사가 눈에 뜨입니다. 그런데 대부분 신문에서 누군가를 낮잡아 '이놈아' 하고 부르는 말의 준말인 '인마'를 버젓이 '임마'로 쓴 것을 볼 수 있습니다. 말 그대로 '인마'의 본딧말은 '이놈아'이고 여기서 '놈'의 초성과 종성이 남아 줄어든 형태입니다. 비슷하게 우리는 '이 녀석아' 하고 부를 때에 준말인 '인석아' 하고 표현하기도 합니다. 결국 우리가 흔히 쓰는 '임마'가 맞는 말처럼 보이지만 '인마'라고 써야 올바른 것이지요.

얼핏 비슷해 보이지만 '준말'은 대부분 표준어가 될 수 없는 '줄임말'과 달라서 바른 말글살이를 위해서는 조금 주의를 기울여야 할 필요가 있습니다. 효용성이 높다 보니 그 출생의 배경에 딱히 정해진 틀도 없고, 그야말로 생겨난 이력이 제각각입니다. 그렇게 쓰이다 입말로 굳어져 아예 표준말로 인정되어 쓰이기도 합니다. 예컨대, 오랜만(오래간만), 엊그제(어제그제), 무(무우) 등의 낱말처럼 말이지요. 어찌됐든 우리가 나날이 쓰는 말의 세계에서는 같은 뜻을 담는다면 어떤 형태로든 편리성을 좇아 짧은 말로 하게 마련입니다. 준말은 그만큼 효용성이 높습니다. 그래서 준말의 예는 단순히 몇 가지 유형으로 나누기가 무척 힘든 게 사실입니다. 그 말은 다시 말해 말글살이에서 헷갈릴 가능성이 매우 높다는 뜻이기도 합니다. 사정이 그렇다 보니 최근 들어 인터넷 언어 파괴의 주범인 줄임말을 쓰듯이 준말을 쓰기도 합니다. 요컨대, 본딧말을 생각지 않고 단순히 소리 나는 대로 줄여 쓰거나 문법을 무시하고 습관대로 그냥 쓰는 것을 아무렇지도 않게 생각하는 것이지요.

더욱이 준말은 단순히 낱말 하나에서 생겨나지 않고 조사에서부터 구의 형태에 이르기까지 여러 모양으로 나타나기 때문에 무심코 쓰다 보면 입에 익은 말이라도 바른말이 아닌 경우가 허다합니다. 예를 들어 문장으로 적기 전에는 거의 가려내기 힘든 '그러므로'와 '그럼으로'의 경우 도대체 이 둘을 입말에서 어떻게 의미적, 형태적으로 구별할 수 있을까요? 같은 준말이지만 '그러므로'는 '그렇게 하다'가 줄어든 동사 '그러다'에 어미 '-므로'가 붙은 것이고, '그럼으로'는 '그러다'의 명사형 '그럼'에 부사격 조사 '으로'가 붙은 꼴입니다. 그러니 소리는 같더라도 의미가 크게 달라지는 것입니다.

물론 표준어 규정에는 '머무르다-머물다, 서투르다-서툴다, 서두르다-서둘다'처럼 준말과 본말이 다 같이 널리 쓰이면서 준말의 효용이 뚜렷이 인정되는 것은 두 가지를 다 표준어로 삼는다'라고 정해 놓고는 있습니다. 그렇다고 해도 준말을 쓸 때마다 일일이 본딧말을 떠올리거나, 본딧말과 준말 가운데 어느 것이 더 쓰임이 많다거나 하는 것을 논리적으로 헤아려 맞게 쓰는 일은 누구에게라도 녹록치 않습니다. 결국 준말을 쓰는 사람은 자신의 언어관습에 기댈 수밖에 없습니다. 하지만 입말에서 아무렇지도 않게 쓴다고 방심할 수만도 없으니 이래저래 준말 역시 우리말을 '어렵게(?)' 만드는 또 다른 복병일는지 모릅니다.

논술 이야기

스스로 생각하고, 판단하기

이번엔 몇 해 동안 아이들에게 논술을 가르치며 내 나름대로 정리한 생각을 잠시 전해 볼까 합니다. 논술을 공부하려는 아이들에게 조금이나마 도움이 됐으면 참 좋겠습니다.

논술에서 가장 필요한 덕목은 '스스로 생각하기'입니다. 가장 창의적인 생각으로 기술한 글이 좋은 점수를 받는 것은 어느 채점 기준에서도 상위에 속하는 것이 그것을 반증하지요. 그러면 어떻게 생각을 기를까? 생각을 기르기 위해 책을 읽든 신문을 보는 것이 중요하다는 말을 수없이 들었을 것입니다. 그런데 더 중요한 것은 그것을 온전히 자기 것으로 만드는 일입니다.

인터넷 지식 정보가 팽창하다 보니 다른 사람의 생각이 너무 많이 전해지고 누구나 쉽게 그것을 알 수 있습니다. 그래서 쉽게 착각에 빠지기도 하지요. 다른 사람의 의견을 안다는 것을 자신이 스스로 생각한 것으로 여기는 것입니다. 실제로는 거의 아무 것도 '생각'지 않았는데도 말이지요. 사실 아이들에게는 생각할 시간이 별로 없었는지도 모릅니다. 그 것은 전적으로 제도교육이나 우리 어른들 책임이기도 합니다. 또 무한정 쏟아지는 정보의 홍수에 휘둘리다 보면 어른조차도 생각할 여유를 잃어 버리는 게 현실이기도 하지요. 결국 '안다'는 것의 양이 많아질수록 정작 생각해야 할 것들은 잃어버리는지도 모르겠습니다.

그래서 나는 아이들을 가르칠 때에 글쓰기에 앞서 생각할 힘을 기르 는 데에 무게를 둡니다. 생각할 힘이란 어느 쪽으로 치우치지 않고 균형 을 잡는 힘을 말합니다. 생각과 글쓰기는 하나이기 때문에 생각의 힘이 강한 아이들이 역시 글쓰기도 잘합니다. 문제는 '어떻게 생각하느냐' 하 는 것인데 논술에서 학생에게 요구하는 핵심이 바로 그것입니다. 어떻게 생각하느냐! 아이들은 물론이고 사람들은 누구나 자기가 생각하는 게 올바르다고 여깁니다. 그래서 그것에 기대어 어떤 행동이라도 취하는 것 이지요. 그런데 그 행동이 객관적으로 항상 올바른 것은 아니지요. 이때 필요한 것이 바로 비판적인 마음가짐입니다. 그것은 모든 것에 의심을 갖 는 것에서부터 출발합니다. 여러 가지 의견에 대해 그것을 당장에 믿지 않고 틀린 점이 없는지 의심해 보아야 하는 것이지요.

의심을 통해 비판을 하고 그로 인해 어느 한 면만을 바라보지 않고 균형 있는 마음가짐에 이를 수 있습니다. 비판하라고 해서 모든 것을 부 정하라는 얘기는 아닙니다. 끊임없이 모든 의견에 의심을 가지면서 냉정 히 그것을 검토하고 많은 의견 가운데 취할 것은 취하고 부정할 것은 부 정하여 바른 사고를 할 수 있는 태도를 지니라는 것입니다. 한마디로 의

심하면서도 모든 의견에서 배우려는 겸허한 태도가 거기에 내포돼야 합니다. 하나의 의견만을 좇아 맹목적으로 따르며 부정하려는 태도는 늘 편견이 되기 쉽습니다. 편견은 철학에서도 얘기하듯이 '우상'이 될 수 있기 때문에 생각의 힘을 결정짓는 균형 잡힌 마음가짐과는 거리가 멀겠지요. 우리는 살면서 알게 모르게 편견에 사로잡혀 있습니다. 편견을 버리고 늘 유연한 마음을 지니는 일이 '스스로 생각하기' 위한 첫걸음입니다. 논술에서 바로 모든 의견에 대해 일단 의심을 가지라는 말은 그래서 필요한 것입니다.

그렇게 스스로 무언가를 생각하기 위해서는 또 하나의 중요한 덕목인 '판단'이 필요합니다. 어떤 것에 대해 단순히 아는 데에는 판단이 요구되지 않지만 그것을 바르게 알려고 할 때에는 대체로 판단이 필요하지요. 예컨대 음악 시디를 하나 살 때에도 틀린 정보나 지식을 가지고는 그 대상을 바르게 알 수 없는 것과 마찬가지 이치입니다.

대상을 바르게 알려고 하는 노력, 즉 제시문이 이야기하는 주제에 대해 어떤 판단을 내려야 하는지가 바로 논술의 요체입니다. 하지만 그것은 말처럼 그리 쉬운 일이 아닙니다. 물론 하늘이 푸르다는 것을 알기 위해서는 하늘을 보면 됩니다. 또 이순신이 누구인가 알기 위해서는 드라마를 보거나 위인전 또는 인물 사전을 펼쳐보면 되겠지요. 그런데 하늘이 푸르다는 것을 아는 건 하늘의 빛깔에 대해 아는 것일 뿐입니다. 마찬가지로 이순신의 생애나 일화를 아는 정도로 그의 모든 것에 대해 안다고 할 수는 없는 것이지요.

이순신이 어떤 전투를 승리로 이끌었는지, 어디서 전사했는지 따위의 지식을 열거하는 것과 이순신의 본질을 바르게 아는 것과는 상관이 없습니다. 그것은 아주 친한 친구가 자신의 취미와 생활 습관 등을 모두 안다고 해서 자기에 대해 전부 안다고 할 수 없는 것과 같은 맥락입니다.

어떤 대상의 본질에 대해 알기 위해서는 다양한 경로를 통해 얻은 여러 정보와 지식이 필요하지만 그것을 최종적으로 바르게 판단해야 하는 것은 바로 자기 자신의 주관입니다. 논술의 궁극적인 방향은 학생들이 알려는 대상인 제시문의 본질적인 의미를 구별해서 제시문 필자의 생각이 아닌 학생 스스로의 생각으로 판단토록 하는 것입니다. 논증을 위해 가져온 논거들은 그것에 설득력을 갖도록 객관화해 주는 도구일 뿐입니다.

나는 위의 문장에서 '객관화'라는 말을 썼습니다. 학생들은 어떤 대상에 대해 선입관이 개입된 주관적인 관심으로 보는 데에 익숙해 있습니다. 주관적인 관심은 대상의 본질을 알기 위한 지식을 얻는 데에 필요하지만 선입관이 작용하면 바른 판단에 이를 수 없는 것이지요.

그래서 논술에서는 자신의 주관에 치우친 관심에 얽히지 않고 다른 관점에서도 대상을 공정하게 바라보도록 생각의 객관성을 요구합니다. 예컨대 어떤 사안에 대한 찬,반 의견이 제시된 논술의 경우 어느 쪽을 선택하든 그것은 문제가 되지 않습니다. 그래서 찬성이면 찬성, 반대면 반대에 대한 타당성을 선입관이 배제된 자신의 주관적 관심으로 판단하고 그것을 제삼자가 납득할 수 있도록 객관화하면 되는 것입니다. 그것이 논술에 필요한 알맹이입니다.

'이야기'에 관한
이야기

　나는 이야기를 좋아합니다. 오랫동안 글 쓰는 일에서 손을 놓지 않는 까닭도 이야기를 좋아하기 때문이지요. 이야기를 만들고, 이야기를 형상화하며, 그 이야기 속에서 나를 발견하는 일이 재미있습니다.

　세상의 모든 현상뿐 아니라 말글 행위의 실체가 이야기 속에 놓여 있고, 이야기로 짜여 있으며, 이야기로 설명될 수 있습니다. 이야기는 늘 나를 삶의 원천으로 인도하는 중개자이자, 그것이 슬픔이든 기쁨이든 생각을 키우는 자양분이 됩니다. 이미 내놓은 몇 권의 저서나 블로그 꼭지 제목만 봐도 눈치 챘겠지만 내 글에는 대개 이야기가 따라 붙습니다. 어차피 모든 언어 현상의 밑절미가 이야기이기 때문이지요.

　예컨대 내가 위에 아홉 줄의 문장을 쓰면서 사용한 열 번의 '이야기'란 말만 해도 모습은 같지만 조금씩 다른 의미를 지니고 있습니다. '이야기를 좋아한다'는 말 속의 이야기는 내 주관적 가치 판단의 대상으로써 이야기이고, '이야기를 만들고 이야기를 형상화하며'에 있는 이야기는 언어적 측면에서의 표현 기능을 말하는 것입니다. 또 '이야기는 늘 나를 삶의…' 속의 이야기는 심리학적인 관점에서 자아성찰의 역할을 수사적으로 표현한 것이며, '내 글에는 모두 이야기가 따라 붙는다'라는 문장 속의 이야기는 단순히 낱말로써의 이야기를 말합니다. 비트겐슈타인의 표현처럼 '하나의 말이 이야기 속에서 쓰이는 길, 그것이 그 말의 의미'인 것입니다.

결국 생물학적, 철학적, 사회적 존재로서 나의 삶 전체를 연결해 주는 통로 구실을 하는 게 이야기입니다. 이야기를 통해 나는 끊임없이 존재를 확인하며, 역시 같은 구조에 있는 당신을 인식하고, 그리하여 세계를 만드는 동시에 그것은 다시 이야기로써 우리를 연결해 줍니다. 설사 당신과 내가 사는 세상이 다르고 바라보는 세계가 다르더라도 우리는 이야기를 통해 대화할 수 있습니다. 왜냐고요? 외롭지 않습니까. 어차피 삶이라는 게.

물론 외로운 삶이라 해도 당신의 외로움과 내 외로움이 같을 수 없습니다. 원천적으로 당신과 나는 다른 이야기 속에 살고 있기 때문이지요. 그 다름으로 인해 우리는 이야기에 귀 기울이기도 하고 멀리하기도 합니다. 때로는 다름을 극복하기 위해 이야기를 흉내 내기도 하고 비판하기도 합니다. 굳이 모든 이야기에서 어떤 공통점을 찾아 보편화하려는 시도는 헛수고일 뿐입니다.

글쓰기에 국한시켜 보겠습니다. 황석영과 안도현이란 이야기꾼이 있다고 치지요. 당신은 황석영의 이야기를 만날 수 있지만 황석영은 당신의 이야기를 들은 적도 본 적도 없습니다. 안도현의 이야기 역시 당신의 블로그에 시의 형태로 옮겨질 수 있지만 안도현은 당신의 블로그에 들른 적도 없습니다. 당신이나 황석영이나 안도현이나 모두 한국어를 모국어로 쓰고 있지만 궁극적으로 이야기의 권력은 그들에게 있고 당신의 이야기는 어느 정도 그들에 의해 지배당하고 있는 것이지요. 더욱이 그들의 이야기는 한 인간의 이야기 속에서 또 다른 질서와 세계를 만들어내기도 합니다. 이야기의 권력을 가진 자들은 자신이 원하든 원치 않든 또 다른 많은 이야기 속에 군림하게 되는 것입니다. 글쓰기를 통해 이야기를 전하는 사람들이 열망하는 그 권력은, 그러나 영원한 것이 아닙니다. 당신은 얼마든지 그 다름의 토대 위에 당신이 꿈꾸며 살고 있는 이야기를 그려 넣을 수 있기 때문이지요. 그것은 황석영이나 안도현이 절대 흉내 내거나 비판할 수 없는 새로운 영역의 이야기입니다. 이야기는 권력을 낳을 수도 있지만 그로 인해 늘 해체될 운명을 동시에 지니고 있습니다.

글쓰기를 하고 있거나, 하려는 사람은 그래서 자신의 이야기에 대한 부끄러움과 절망스러움 때문에 권력의 그늘에 이야기를 편입시키거나 고정된 의미 속에 가두려 해서는 안 됩니다. 다시 강조하지만 삶이란 누구에게나 외로운 것이고, 내가 듣고 싶은 건 오로지 그것이 진실한 것이냐 아니냐 하는 점뿐이니까요.

닮은 듯 다른
쌍둥이 낱말

나는 외동딸을 키우다 보니 실감하진 못하지만 주변에 쌍둥이를 키워 본 분들 이야기를 들어 보면 한날한시에 태어난 쌍둥이라 해도 모든 면에서 생각처럼 그렇게 똑같지만은 않다고 합니다. 유전학적으로 똑같은 염색체 쌍을 지닌 세포로 구성되고 염색체 내 유전자 배열도 같은 쌍둥이가 그렇게 모양은 많이 닮았더라도 자라면서 하는 짓은 딴판이라는 얘기입니다. 물론 모양이 아주 다른 이란성 쌍둥이는 더할 나위도 없겠지요.

우리말에도 태어난 배경은 같지만 자라면서 하는 짓이 다른 녀석이 꽤나 많이 있습니다. 앞 문장에서 쓴 '다른'만 해도 '비교가 되는 두 대상이 서로 같지 아니하다'나 '보통의 것보다 두드러진 데가 있다'는 뜻의 형용사인 '다르다'라는 같은 부모에게서 태어난 쌍둥이이지만 문장 속에서 하는 짓이 다를 때가 있습니다.

[다른 나라도 아니고 우리나라에서 일본 제국주의를 옹호하다니.]

(관형사)

[보통의 수련생과 너는 다른 점이 너무 많아서 탈이다.]

(형용사의 관형형)

위 문장에서 앞의 '다른'은 '당장 문제되거나 해당되는 것 이외의'라는 뜻의 관형사로 아예 하나의 낱말이지만 뒤의 문장에서 '다른'은 형용사 '다르다'가 관형형으로 모양만 바꾼 것입니다. '다른' 같은 경우에는 하나의 단어에 하나 이상의 문법 성질이 함께하는 '품사의 통용'으로도 볼 수 있습니다. 예컨대 '저희가 거기로 가면 되잖아요'(대명사), '저희도 거기 갑니다'(부사), '그의 한 평생은 정말 볼수록 드라마틱하다'(명사), '그런 말은 정말 평생 처음 듣는 소리입니다'(부사) 등의 경우처럼 말입니다.

이처럼 문법적 기능만 바꾼 쌍둥이가 있는가 하면 '어쭙잖다'라는 낱말처럼 아예 모양과 정체성을 몽땅 바꾼 녀석이 있어서 조금 주의를 기울여야 할 필요가 있습니다. '어쭙잖다'는 비웃음을 살 만큼 언행이 분수에 넘치는 데가 있을 때 또는 아주 서투르고 어설프거나 시시하고 보잘 것없는 것을 이를 때에 우리가 흔히 쓰는 말입니다. 그 '어쭙잖다'의 이란성 쌍둥이가 '어줍다'인데 '어줍다'는 사전적 의미가 '말이나 행동이 익숙지 않아 서투르고 어설프다, 몸의 일부가 자유롭지 못하여 움직임이 자연스럽지 않다, 어쩔 줄을 몰라 겸연쩍거나 어색하다'입니다. 그래서 '그런 곳에 처음 가 보다 보니 모든 행동이 어줍기만 하다' 하는 형태로 쓰입니다. 그런데 기본형 '어줍다'에 '-지 않다'가 붙어 부정형으로 쓸 때에는 '어줍지 않다'가 아니라 '어쭙잖다'로 쓰고, 그 의미마저 엉뚱하게 다른 '−지 않다'형 동사, 형용사와 달리 부정적인 상태를 이르는 것이 아니라 아래 예문들처럼 긍정하거나 인정하는 뜻으로 바뀌어 버립니다.

[월급이 쥐꼬리만 한데 무슨 재주로 어쭙잖게 배낭여행을 가겠냐.]
(배낭여행을 가지 못하는 형편을 긍정)
[호적에 잉크도 안 마른 녀석이 어쭙잖게 어른 행세를 하고 다니니 그런 일이 벌어지지] (아직 어른이 아님을 인정)
[네 처지가 그 모양인데 어쭙잖게 무슨 말을 한들 사람들이 믿겠니.]
(처지가 말이 아님을 인정)

한글맞춤법 제5항에 나오는 '한 단어 항에서 뚜렷한 까닭 없이 나는 된소리는 다음 음절의 첫소리를 된소리로 적는다'라는 규정에 따라, 〈어줍다+지 않다=어쭙잖다〉로 바뀌는 것은 그렇다 쳐도 같은 배에서 태어난 쌍둥이인데도 뜻이 바뀌어 버리는 이해할 수 없는 짓을 하고 마는 것입니다. 물론 북한에서는 그냥 '어줍다'의 부정 형태를 '어줍잖다'로 쓰긴 합니다. 어쨌거나 출신이 같고 핏줄이 같은 쌍둥이라도 통일이 되기 전까지는 우리의 규정대로 '어쭙잖다'만이 맞는 표현이니 좀 어쭙잖더라도 그리 써야 하겠습니다.

하늘에 계신 분은
누구일까?

우리말 동네에서 꽤나 해묵은 논쟁거리 가운데 하나는 '하늘에 계신 분'을 뭐라고 부르는 게 맞느냐 하는 것입니다. 예수쟁이인 나 역시 이 문제에 꽤나 오랫동안 매달렸던 적이 있습니다. 그래서 결론은? 아쉽지만 아직까지도 내리지 못했습니다.

처음 예수쟁이가 되고 뜨겁게 성령 체험까지 한 다음 기도 생활에 열중했을 때에도 하늘에 계신 그분을 뭐라고 불러야 할지 망설이곤 했습니다. 마음에는 이미 '하나님'이 자리 잡고 계신데 머리에는 줄곧 '하느님'이 계시니 말입니다. 통성으로, 또는 공중 기도를 할 때에는 '주님'이나 '주여' 하고 때우곤 했는데 이따금 그분을 믿기 전에 즐기던 어떤 것이 떠오르는 통에 곤혹스럽기도 했지요.

물론 지금은 어떤 국어사전에도 '하나님'이 〈'하느님'을 개신교에서 이르는 말〉로 풀이하고 표제어로 등재되어 있습니다. 그 말은 개신교를 믿는 사람을 제외한 사람들은 하늘에 계신 어떤 절대적인 존재를 그냥 '하느님'이라고 부른다는 뜻이기도 합니다. 예전에 국민가수 조용필이 한 프로야구 개막식에서 애국가를 부르며 '하느님'을 '하나님'이라고 했다가 가루가 되도록 까인 것을 본 적이 있는데 그만큼 기독교인이 아닌 사람에게 '하나님'은 여전히 머나먼 당신일 뿐입니다.

따지고 보면 분명히 같은 존재인데도 왜 부르는 사람에 따라 달라질까요? 어차피 '하느님'이란 낱말의 뿌리는 '하늘님'(하늘에 계신 분)이고, 여기에 존칭접미사 '-님'이 붙고, '아들→아드님'처럼 되는 ㄹ탈락의 음운변화를 거쳐 '하느님'이라는 말이 생겨났습니다. 그 외에도 뭐, 종교관에 따라 '한울'이니 '하누님'이니 하는 표기도 같은 뜻으로 쓰입니다.

그런데 결정적으로 '하느님'과 '하나님'이 별거를 시작한 것은 사실 우리의 뜻이 아니었습니다. 1882년 누가복음을 번역한 최초의 우리말 성경 〈예수성교 누가복음 젼셔〉가 나오는데 1882년판과 1883년판에 같은 성경임에도 '하느님'과 '하나님'이라는 말이 모두 등장하는 것이죠. 그 얘기는, 다시 말해 그 성경을 펴낸 스코틀랜드 연합장로회 소속 선교사 나약수(존 로스)와 마륵태(존 매킨타이어) 선생은 애당초 하나님이라고 번역되는 히브리어 단어 엘로힘(אלהים)을 'heaven+god', 즉 한자로는 '천주', 우리말로는 '하느님'으로 번역한 것이지 '하나밖에 없는 분'을 염두에 두고 번역한 것은 아님을 뜻합니다. 만약에 '유일한 분'으로 뜻을 새겼다면 '하ㄴ'가 아니라 하나를 뜻하는 우리말 옛 형태 'ᄒ나+님'이 되어야 맞는 게 정상이기 때문입니다.

어차피 의미가 같은 바에야 소리 나는 것으로만 보면 '하나님'이든 '하느님'이든 쓰는 사람의 의지에 따라 어떻게 정착되든 상관없습니다. 그런데 '하나님'을 유일신으로 여기는 개신교 쪽에서는 '하나'라는 말 자체가 워낙 매력적인 데에다 영어권에서도 일반적인 신을 'god'로 하고 기독교의 신을 'God'로 다르게 표기하는 것처럼 '하나님'을 고집하게 됐습니다.

결국 1933년 조선어학회에서 만든 한글 맞춤법 통일안에는 '하나님'이 맞는 표기로 자리 잡았지요. 그렇게 우리나라의 거의 모든 기독교인에게 '하나님'이라고 통용되다가 1977년도에 천주교와 에큐매니칼(교회 통합주의) 운동을 하는 자유주의신학자들이 함께 만든 '공동번역 성경'이 나오면서 다시 기독교인 중에서도 '하느님'을 쓰기 시작했습니다. 그래서 천주교회, 성공회, 정교회 등에서는 같은 기독교지만 지금도 '하느님'으로 쓰고 있습니다. 그런데 개신교 쪽에서는 받아들이지 않았고 지금까지 '하나님'만을 쓰고 있습니다.

'태초에 말씀이 계시니라 이 말씀이 하나님과 함께 계셨으니 이 말씀은 곧 하나님이시니라'라는 요한복음 1장 1절 말씀처럼 '하나님'이든 '하느님'이든 어느 곳에서나 '말씀'만 살아 있다면 '하늘에 계신 그분'은 늘 함께하는 것이라 그렇게 믿고 있습니다.

말은 어디서
온 걸까

말글의 뿌리에 관한 이야기는 내가 일부러 찾아 나서지 않아도 이미 세계 많은 나라의 종교와 신화에서 나타나고 있습니다. 이는 그만큼 인류가 말글의 뿌리에 대해 관심이 많았음을 드러내는 한편으로, 신화나 종교적 해석이 아니면 말글의 기원을 설명하기가 사실 힘들다는 걸 반증하는 것이기도 합니다. 예를 들면, 이집트에서는 언어의 신 토스(Thoth)가, 고대 바빌로니아에서는 나부(Nabu)라는 신이, 그리고 인도에서는 우주의 창조자라는 브라아마(Brahma) 신의 부인인 사라스바티(Sarasvati)가 언어를 창안한 것으로 돼 있습니다. 물론 믿거나 말거나 수준이긴 하지만.

그 같은 '신이 주신 선물'설 외에 말글의 뿌리에 대한 또 하나의 견해는 인간의 발명물이란 것인데 주로 아리스토텔레스와 자연주의자 루소가 그 주장의 주인공입니다. 좀 지루하겠지만, 그들의 주장을 잠깐 짚어 보고 넘어갈 필요가 있습니다. 왜냐하면 그들의 주장을 토대로 숱한 학자가 그야말로 '꼴리는 대로'라고 할 만큼 잡다한 학설을 내놓고 있기 때문입니다. 먼저 아리스토텔레스는 모든 사물의 이름은 그 사물의 천성(본질이라고 해도 좋다)을 꿰뚫어 볼 수 있는 특수한 재주를 지닌 예능사(이를 그리스 시대에는 입법관 이라고 불렀다)가 그 사물의 본성에 맞게 이름을 짓는다고 했습니다. 또 루소는 언어가 자연의 부르짖음에서 비롯됐다고 주장하면서 고통, 공포, 쾌락, 분노, 경악 등의 감정을 소리로 표현하려는 감탄사에서 언어가 시작되었다고 주장합니다.

지극히 제한적인 감탄사에서 언어가 시작되다 보니 그 같은 언어는 당연히 원시적일 수밖에 없을 것입니다. 요컨대 낱말의 수도 적을 뿐 아니라 구상명사가 대부분이고 문장도 몇 개의 단어로 구성돼 간결하겠지요. 그 얘기는 추상명사나 명사 이 외의 품사에 속하는 어휘, 복잡한 문장 등은 훨씬 뒤에 발달한 것이라는 반증이 되기도 하겠지요. 지루함을 덜기 위해 핵심만 얘기하자면, 언어의 '인간 발명설'을 주장하는 학자들의 공통적인 생각은 한마디로 원시적인 체계의 언어는 원시적인 두뇌력의 소산이라는 논리, 즉 '인류 문명의 발달과 언어의 발육에 어떤 비례적인 관계가 있다'라는 것으로 압축할 수 있습니다. 그러나 언어라는 게 아무리 원시시대라도 문장이 반드시 두 세 단어일 수 없으며, 더욱이 말이란 게 의성어나 의태어, 감탄사만으로 이루어지지 않음을 누구라도 어렵지 않게 추측할 수 있습니다.

다시 말하면, 그들의 말(원시인의 말) 또는 글이 주격과 목적격, 또는 능동과 수동의 구별이 없다든지 의문문, 부정문, 명령문 등을 만드는 문법규칙이 없다든지 하는 식으로 지극히 원시적인 것은 아니라는 말입니다. 따라서 '인간 발명설'을 주장하던 학자들의 주장은 기껏해야 의성어, 의태어 같은 극소수 어휘의 출처를 밝히는 데 그쳤을 뿐 이를 떠나 일반적인 어휘와 문장 구성의 법칙 등이 어디서 어떻게 비롯되었는가에 대해서는 한 마디도 못하고 맙니다. 말글의 뿌리에 관한 견해는 그렇게 수세기를 공전할 뿐 오늘날에까지 딱히 '바로 이것이다'라고 말할 수 있는 것은 없는 게 현실입니다. 그럴수록 더욱 궁금해지는 건 당연합니다. 도대체 그 많은 사람이 그토록 많은 언어를 제각기 사용하게 된 건 언제부터이고 그 말글의 뿌리는 어디일까? 말글이란 것을 사용한 주체는 어차피 사람이기 때문에 그것이 아담이든 원시인이든 결국 우리말의 뿌리를 찾는 일 역시 말글을 처음 사용한 인류의 기원을 찾는 것과 궤를 같이할 수밖에 없다는 결론에 이르고 맙니다. 인류의 기원을 찾는다? 좀 더 고상하고 난해한 과제로 승격된 느낌도 들긴 하지만 여기서 무슨 진화론이나 창조론의 해묵은 논쟁을 되풀이하자는 얘기는 아닙니다. 그냥 그 자체로 답이 없다는 얘기나 다름없으니까요.

'마음'이란 말은
어디에서
왔을까?

산에 가면 산이 우는 소리를 들을 수 있다고 믿던 시절이 있었습니다. 즐겨 부르던 산 노래 가사에 나오는 것처럼 산에는 '마음'이 있기 때문입니다. 그 '마음'을 만나기 위해 젊은 시절 미친 듯이 산을 찾은 적도 있습니다. 그런데 늘 닿지 않는 곳에서 보이는 산의 마음은커녕 가장 가까운 곳에 있는 사람의 마음조차 알기 힘든 게 현실입니다.

지구상의 인구가 60억이라면 60억 개의 서로 다른 마음이 존재한다고 보면 됩니다. 그러니 사람의 마음을 이해하려는 일이 얼마나 어려운 일일까요. 그것을 주로 하는 심리 상담일을 하기 전부터 나는 '마음'이라는 이 상쾌한 우리말을 무척 좋아했습니다.

'마음'에서 느낄 수 있듯이 대체로 ㅁ(미음) 소리가 들어가는 우리말은 아름다운 게 많고 따뜻함이 배어 있습니다. '마음'에는 그 미음이 두 개나 들어가 있어 더욱 포근한 느낌을 주지요. 부연하자면 'ㅁ' 소리는 우리(인간)가 지닌 원초적 정서와 연결돼 있다고 할 수 있습니다. 아기들이 태어나 맨 처음 배우는 말도 'ㅁ' 소리가 두 개나 들어가는 '엄마'이고, 우리나라뿐 아니라 세계적으로도 '엄마'를 뜻하는 말에는 대부분 mama(영어), maman(프랑스어) 등에서처럼 'ㅁ' 소리가 들어가지요. 어휘적으로도 포유동물의 유방(가슴)이 라틴어 'mamma'에서 온 것은 우연이 아닐 것입니다.

우리말에서 '마음'이 태어난 경로를 좇아 보면 〈ㅁ+ㆍ, ㅅ+ㆍ+ㅁ〉이고, 여기서 어간 〈ㅁ+ㆍ+ㅅ→ㅁ+ㆍ+ㄷ〉은 으뜸, 첫째(맏아들, 맏형)를 뜻하는 만주어 'mut'에서 온 것으로 알려졌습니다. 거기에 명사화접미사 미음이 붙은 말로 추정하기도 합니다. (경희대 서정범 교수)

중세 문헌(월인석보 등)에서 '마음'은, 〈ㅁ+ㆍ, ㅅ+ㆍ+ㅁ〉에서 〈ㅁ+ㆍ, ㅿ+ㆍ+ㅁ〉 형태로 쓰이다가 오늘날의 '마음'으로 변화되었습니다.

결국 '마음'이라는 말의 출발을 따라가다 보면 인간이 지닌 모든 것의 맨 처음이라는 해석이 가능해지는 것이지요. 그게 무엇일까요? 바로 '사랑'이라는 얘기입니다. 아기가 세상에서 처음 어머니와 유대하며 배우는 원초적인 사랑이 바로 '마음'이고 어떤 '마음'을 지니느냐에 따라 그 사람의 운명도, 세상도 변할 수 있는 것이지요. 그래서인지 '마음'이란 말에는 항상 알 수 없는 울림이 있습니다. '마음'이 늘 따뜻함의 영역에 머물 때 우리는 그것을 '사랑'이라고 부릅니다.

당신의 마음을
어떻게
표현하나요?

아침에 눈을 뜨고 잠들 때까지 우리는 하루에 몇 가지 마음 상태를 지닐까요? 기쁘고, 슬프고, 싫고, 좋고, 두렵고, 쓸쓸하고, 그립고, 분하고, 아깝고…. 등등 뭐 상황에 따라 몇 번이고 마음 상태가 바뀔 것입니다. 화장실만 해도 갈 때와 나올 때가 다르듯이 참으로 시시각각 종잡을 수 없이 변하는 게 사람의 마음이지요. 그러한 마음의 상태와 의식의 작용을 일컬어 우리는 보통 '심리'라고 합니다.

그래서 내가 심리 상담을 할 때에도 내담자에게 가장 먼저 묻는 말은 '지금 이곳에 올 때 기분, 또는 느낌이 어떠셨어요?'입니다. 그리고 상담이 끝난 뒤에 또 다시 현재의 기분이 어떠냐는 질문을 합니다. 그래야 바뀐 마음 상태를 통해 어느 정도 상담의 효과를 가늠할 수 있거든요.

이때에 내담자는 '힘들다', '걱정스럽다', '귀찮다', '두렵다', '기쁘다', '후련하다', '시원하다' 등의 말로 자신의 주관적 심리 상태를 나타냅니다. 여기서 등장하는 형용사들을 바로 '심리 형용사'라고 합니다. 자신의 주관적 심리 상태를 나타내는 만큼 이 녀석들은 우리말 문장에서 주어의 인칭을 고를 때에 반드시 일인칭으로 제한합니다. '나는 후련하다'라고는 할 수 있지만 '너는 후련하다', 또는 그는 후련하다'라고는 보통 말하지 않지요.

다시 말하면 그 마음 상태의 주체인 '나' 이외에는 다른 사람에게 그 형용사를 쓸 수 없는 것입니다. 물론 예외의 경우가 있긴 한데 전지적 관찰자 시점으로 쓰인 소설에서는 이인칭과 삼인칭을 주어로 해서 간혹 심리 형용사를 쓸 수 있습니다. 하지만 우리 일상의 말글살이에서 심리 형용사는 오로지 일인칭 주어와만 어울립니다. 그런데 여기에 또 함정이 있으니 주의해야 합니다. 바로 의문문에서는 거꾸로 심리 형용사 녀석들이 이인칭 주어와만 어울리는 것입니다. 한번 예를 들어 볼까요?

[너는 두렵니?] (O)
[나는 두렵니?] (×)
[너는 슬프니?] (O)
[나는 슬프니?] (×)

이처럼 두렵거나 슬픈지 여부에 대한 물음에 답할 수 있는 사람은 그 기분을 느끼는 당사자뿐이기 때문에 그렇습니다. 요컨대, 묻는 사람 입장에서는 바로 그가 이인칭이 되는 것이지요. 그렇다고 그대로 물러설 심리 형용사가 아닙니다. 평서문에서도 이인칭 또는 삼인칭 주어와 어울리면서 같은 의미의 감정 상태를 전달하기 위해서는 어간 뒤에 '아/어-하다를 붙여 슬그머니 동사로 변신하면 되니까요.

슬프다→슬퍼하다 〈너는 슬퍼하다 (○)〉
기쁘다→기뻐하다 〈너는 기뻐하다 (○)〉
싫다→싫어하다 〈그는 싫어하다 (○)〉

그렇다 보니 우리말에는 '좋아하다', '싫어하다', '귀여워하다'처럼 심리 형용사가 심리 동사로 아예 굳어진 말이 제법 있습니다. 그런데 그렇게 굳어진 말들을 제외하고 대체로 우리말 문장에서 심리 형용사에 '아/어-하다' 형을 쓰는 것은 일인칭보다 삼인칭 주어와 어울리는 것이 훨씬 자연스럽습니다. 특히 진행 형태로 쓰인 동사의 경우에는 더욱 그렇습니다. 왜냐하면 '아/어-하다' 형은 보통 보는 이의 대상에 대한 결과를 설명하기 때문입니다. 예를 들어 '그 친구 무척 고통스러워해' 하면 자연스럽지만 '나는 무척 고통스러워해' 하면 어딘지 부자연스러운 것입니다.

당신은 진정
꿈꾸는
사람입니까?

'노래'란 말은 어디서 왔을까

나는 노래를 참 좋아합니다. 좋아할 뿐만 아니라 잘(?) 부르기도 합니다. 하고 말하면 안 믿을 수도 있겠는데 글 쓰는 일이 직업이 되지 않았다면 노래 부르기로 생계를 잇기 위해 지금쯤 미사리 어디에선가 쭈그리고 앉아 하염없이 기타를 두드리고 있을지도 모릅니다. 믿거나 말거나. 기타를 들고 처음 공식적인 무대에 올라 대중을 앞에 놓고 노래 부르던 게 중학교 2학년 때였고, 군대 가기 전 백수 시절에는 강남의 한 카페에서 아르바이트 삼아 잠깐 노래를 부르기도 했습니다. 그때에는 우상이나 다름없던 밥 딜런 흉내 내느라 목욕도 자주 안 하고, 공연히 세상을 삐딱하게 보는 데 익숙해 있었으며, 수입도 잘 안 되던 블루스 하모니커 구하러 악기점깨나 돌아다녔던 기억이 생생합니다.

총각 시절 혜화동에서 전국의 노래패들이 드나드는 이른바 '민중카페'를 운영할 때나 문화운동이랍시고 설치고 다닐 때야 두말할 것도 없겠습니다. 또 십여 년 간 직장 생활을 하면서도 기회만 생기면 이런저런 공연에 참가했으니 관록으로 치자면 짧은 것도 아니지요. 그렇다고 누군가에게 내가 가수로 기억되길 원치는 않습니다. 뭐 당연히 기억해 줄 사람도 없겠지만 말입니다. 어쨌거나 내 삶에서 노래는 내가 살아가는 하나의 양식이 되었고, 존재증명의 방편이 되었습니다. 또한 노래는 단순히 자아 확인을 넘어 사람과 사람 사이의 관계 속에 서로 살아 있음을 일깨우는 참으로 질긴 끈이기도 했습니다.

노래를 부르는 나는 삶과 연계된 어떤 희망, 절망, 슬픔, 기쁨 등을 노래라는 양식에 담아 전달하고, 듣는 사람은 그냥 느낌을 자신의 정서에 담아 감정의 원시성을 유지하면 그만인 것이지요. 노래를 부르고 듣는데, 뭐 그것을 논리적으로 설명하라고 할 미친놈도 없거니와 좋고 나쁨을 언어적으로 치환할 필요성도 당위성도 없습니다. 그래서 노래는 곧잘 누구라도 하나의 관계로 이어주기도 합니다. 노래가 본디 원시시대 집단 노동을 효과적으로 수행하기 위해 자연스럽게 생겨난 것임을 떠올리면 좀 더 알기 쉽습니다. 더욱이 데모를 한 번이라도 해 본 사람이라면 운동가가 이어주던 그 관계의 위력을 실감할 수 있을 것입니다. 그토록 삶과 떼놓을 수 없는 이 '노래' 라는 말은 과연 어디서부터 왔을까요?

노래라는 말은 동사 '놀(遊)-'과 연관된 말꼴입니다. '노름'(놀+음), '놀이'(놀+이)처럼 '놀'에 명사형 접미사 '-개'가 붙어 만들어진 파생명사인데 문헌에서는 '놀개'라는 형태가 아니라 ㄱ이 ㄹ의 영향으로 ㅇ 꼴이 된 '놀애'로 되었다가, 현대에 이르러 노래라는 말로 굳어졌습니다. 이 '-개'라는 접미사는 주로 '어떤 대상이나 물건'을 지시할 때 쓰이는데 '놀개'

의 경우 '노는 것'이라는 어원적 의미를 담고 있으며, 그 노는 것이 주로 '입을 놀리며 노는 것'인 '노래'가 된 것으로 추정하는 것이지요.

오늘날에야 '논다'고 하면 일을 않고 놀기만 한다는 식으로 소비적인 행동이라고 생각하는 것이 통례지만, 원시시대에는 '논다'라는 것이 자연과의 싸움에서 살아남기 위한 생존투쟁의 의식으로써 노래를 통해 노동의 리듬과 동작, 그리고 아주 간단한 통일을 꾀하는 일정한 정치적 사회적 생산기능을 대신했습니다.

그런데 근대 자본주의가 발달하면서 생산수단도 바뀌게 되고 이에 따라 과거의 생산수단에 의지하여 존재하던 기능요들은 그 본래의 기능을 잃어버리고 [입을 놀리며 노는] 비기능요로 바뀌면서 '노래'의 의미도 단순히 오락적인 기능만을 담는 것으로 축소된 것입니다. 어쨌거나 분명한 것은 노래에는 힘이 있다는 것입니다. 그 힘은 변화를 뜻합니다. 변화를 꿈꾸는 사람은 늘 노래를 부릅니다. 당신은 진정 꿈꾸는 사람입니까?

우리말의
여러 표현

우리말에는 같은 낱말이라도 어떻게 표현하느냐에 따라 그 낱말의 본디 뜻이 달라지는 경우가 허다합니다. 그것은 통사적 범주 안에서 낱말의 기능과 역할이 변화하는 것과는 사뭇 다르지요. 대표적인 예가 흔히 '관용구'라고 불리는 것들입니다. 예컨대, 숙어(익은 말)나 고사성어, 속담 따위가 거기에 포함됩니다. 관용구는 말 그대로 우리의 말글살이에서 많은 사람의 동의 아래 오랜 세월 언중의 입에 익은 말이기 때문에 비문법적이며, 낱말의 본디 뜻과 다른 의미를 지니고 있는 경우가 대부분이지요. 이는 관용구가 그것을 쓰는 사람들의 언어와 생활 관습에 대한 공감을 통해 굳어진 것이기 때문에 그 말이 생겨난 정서를 이해하지 못하면 뜻을 전혀 알 수 없다는 말이기도 합니다. 우리가 영어를 배울 때에도 마찬가지겠지만 우리말을 아무리 잘하는 외국 사람이라도 '눈에 밟히다'라든지, '간(땡이)가 부었다든지', '손이 맵다'라는 말의 제대로 된 뜻을 알려면 '똥줄깨나 빠질' 것이라는 얘기입니다.

누구나 경험해 보았겠지만 우리가 관용구를 자주 쓰는 까닭은 어떤 상황을 겪을 때 보통의 말로 하는 것보다 표현 효과가 두드러지기 때문입니다. 때로는 그 상황 자체를 비유적으로 재치 있게 나타낼 수도 있으며, 표현이 함축적이고 간결해서 강조와 더불어 상대에게 더욱 깊은 인상을 남길 수도 있습니다. 한마디로 관용어는 다양한 상황에 맞추어 말맛을 살림으로써 우리 말글살이를 풍요롭게 하는 데에 기여하는 것이지요. 우리말 표현 사전을 만들 때에 빼놓을 수 없는 부분이 바로 이 관용어인데 내가 구상하는 표현사전의 갈래에 맞춰 예를 들면 다음과 같습니다. 예컨대, '두려움'이란 정서를 표현하는 말을 찾으면, 등골이 서늘하다, 등짝이 서늘하다, 등골이 오싹하다, 등짝이 오싹하다 머리카락이 서다, 머리발이 서다, 머리끝이 쭈뼛쭈뼛하다, 모골이 송연하다, 오금을 못 쓰다, 오금을 못 펴다 등의 용례와 유래가 설명될 것이고, 신체 중에서 '손'과 관련된 표현을 찾으면, '손에 쥐다', '손에 넣다', '손에 들어오다', '손을 잡다', '손을 떼다', '손을 씻다', '손을 놓다', '손을 털다', '손이 비다', '손을 대다' 등의 용례와 의미가 풀이될 것입니다. 그런데 같은 '손을 대다'의 경우에 '그 녀석이 또 도박에 손을 댔어'와 '사장이 회사 공금에 손을 댔어' 하는 표현에는 차이가 있습니다. 전자는 관계를 맺는다는 의미이고, 후자는 불법적인 소유를 뜻하지요. 또 '목에 힘을 주다'라는 표현도, '녀석이 승진하더니 목에 힘을 주고 다닌다'와 '선거 때만 되면 목에 힘을 주고 민중을 말한다' 역시 같은 목에 힘을 주는 거지만 의미가 다릅니다. 그 같은 표현의 차이도 밝혀 실을 것입니다.

지금까지 조사된 우리말 관용어는 4-5000개 정도로 파악되는데 디지털 문화의 급속한 확산과 더불어 신세대형 관용적 표현은 내가 따라잡기도 힘들 정도로 늘어나고 있는 실정입니다. 그 같은 현상은 언어의 진화를 통해 시대 정서와 문화 생성의 단초를 알 수 있는 중요한 근거가 되기 때문에 한시라도 빨리 구체적인 작업에 들어가야 할 텐데 '손이 비어'서 아직 묘연하기만 합니다. 이때 '손이 비어'는 어떤 의미의 표현일까요?

1. 하던 일이 다 끝나서 짬이 생기다.

2. 수중에 돈이 다 떨어지다.

해답은 여러분이 상상하는 그것이 맞습니다. ㅠㅠ

나 역시 아름답고 정확한 우리말을 써야 한다고 주장하는 사람 가운데 하나입니다. 그 '아름답고 정확한' 우리말은 말 그대로 우리네 삶 속에서 우리가 실제로 써야 하는 말이어야 합니다. 하지만 그 아름답고 정확해야 할 우리말이 때때로 원칙에서 벗어나 관습이 되어 쓰이는 일을 말 글살이에서 그리 어렵지 않게 볼 수 있습니다.

그런데 원칙에서 벗어난 말을 쓴다거나 어법에 조금 틀리게 쓴다고 해서 언중이 그 말을 업신여긴다거나 낮춘다는 건 아닙니다. 더욱이 누군가에게는 그 말의 옳고 그름이나 본디 뜻 따위는 그다지 중요하지 않은 것일 수도 있겠지요. 우리가 실제로 쓰는 말에는 어떤 이유로든 그것을 쓰는 주체의 심리적 사회적 배경이 깔려 있습니다. 따라서 잘못된 말이 관습이 되어 대중의 입에 굳어 버렸다면 그 배경 역시 무시할 수 없는 것입니다. 어떤 낱말을 어떻게 표현하느냐는 결국 그것을 사용하는 주체의 결정에 따를 수밖에 없으며, 그것은 말글살이의 공동체를 이해하고 정체성을 확인하는 중요한 실마리가 되기도 합니다.

대중의 입에 이미 살아 있다면, 죽어 있는 어떤 말보다도 그 말은 살아 있는 것입니다. 언어순화운동의 일부로 일부 언어 국수주의자들이 시도한 '순우리말 바꾸기'나 '사전 속에 잠자는 아름다운 우리말 찾기' 등의 시도가 눈치 빠른 상업 광고 등에 쓰이거나 문학 작품 등에 소개되는 것 말고는 그다지 대중의 호응을 받지 못하고 말글살이에 뿌리내리지 못한 까닭도 대중이 지나치게 비애국적이거나 우리말을 업신여겨서가 아니라 단지 그것이 그들의 입에 살아 있는 말이 아니기 때문입니다. 사실 대중은 이미 사회성을 얻은 신조어나, 하루가 멀다 하고 쏟아져 나오는 개념 어휘를 익힐 시간도 부족합니다. 그러니 삶과 직결된 '우리말'에 민감할 수밖에 없고, 그것에 익숙해야만 여러모로 말글살이에 덜 피곤하며, '대한민국'이라는 공동체에 안주하는 느낌을 받는 것입니다. 그런 현실을 고려할 때에 아무리 말글을 바르고 정확하게 쓰는 것이 중요하더라도 그 '바름'이 강요되어서는 안 되며, 바르게 쓰지 않는다고 해서 어떤 잣대로 재단되어서도 안 됩니다.

우리가 쓰는 말은 정보 기능과 표현 기능을 같이 수행하기 때문에 거기에 개념적 의미는 물론, 감정적 의미가 함께 실려 있습니다. 예컨대, 일부 언어순화운동론자들 주장처럼 '월드컵 본선 진출에 성공한 한국 팀에게 모든 관중이 박수 친다'고 했을 때, '박(拍)'이 '친다'는 뜻이기 때문에 그것을 잉여적 표현이라 해서 틀린 것이라고만은 할 수 없는 것이지요. 그 표현을 한 사람 입장에서 기쁨을 더 강조하기 위해 관습적으로 그렇게 쓸 수도 있습니다. 물론 '손뼉을 치다'라는 말로 바꿀 수 있지만 박수를 치는 것보다 정서적으로 덜한 느낌이 듭니다. '박수 친다' 말고도, 고유어와 한자어가 결합해 복합어 또는 어구가 된 우리말 어휘에는 뜻이 중첩됨으로써 잉여적 표현이 되는 경우가 무척 흔합니다. 갓 결혼한 남자를 신랑(新郎)이라는 표현보다 '새 신랑'이라고 표현하는 것이 더 정감 있고, 조용필이 '단발(短髮) 머리 그 소녀'라고 노래한다고 해서 그것을 굳이 고쳐야 한다고 하지 않는 것 등도 마찬가지이지요. 사실상 우리 언어 관습에서 그런 어희나 표현은 잘못됐다기보다 우리말의 또 다른 독특한 어휘 구성이고, 표현법에 속한다고 해야 할 것입니다.

처음 출판사에서 편집 일을 배울 때 나는 일보다도 말을 먼저 배워야 했습니다. 무슨 외국계 회사를 다녔다는 얘기가 아니고, 편집에 쓰이는 말들이 대부분 일본말에서 들여온 것이기 때문입니다. 떠오르는 것만 정리해도, 문자 테를 두를 때 쓰는 구구리, 흔히 기리빠시라고도 잘못 말하는 종이 부스러기 기리다시와 오토시, 페이지 단위 필름 작업을 이르는 고바리와 터를 잡는 하리꼬미, 두껍게 모형대로 종이를 따내는 도무송, 표지 인쇄할 때 대수를 맞추기 위해 같이 걸이로 인쇄하는 방법인 돈뎅, 재단을 지칭하는 다찌, 가제본으로 묶는 덴노리, 화판에 인쇄 원고를 만드는 대지바리, 표제와 발문을 뽑는 미다시, 색상이 다르게 흐르는 것을 표현하는 보카시, 바탕인쇄를 말하는 것으로 흔히 빼다 처리로 잘못 말하는 베타츠리, 흰 글자로 반전 시키는 시로누끼, 따내기를 말하는 우찌누끼, 완성된 원고를 지정할 때 쓰는 와리쓰게, 표지나 중간 표지를 말하는 토비라, 레이아웃할 때 십자로 가늠표를 맞추는 돈보, 판형보다 여유를 주고 레이아웃을 하는 쿠와에, 면주나 표제를 말하는 하시라 등 등… 물론 더 있지만 당장 생각나는 것들만 적어도 이 정도입니다.

책을 만드는 과정에서 얼마나 보편적으로 자주 쓰이는 말들인지, 그래서 그 말들의 정확한 개념을 모를 때 얼마나 실무에 적용하기 힘든지 경험자들은 공감할 수 있을 것입니다. 처음에는 발음에서의 이질감 때문에, 또 순전히 일본말이라는 이유 때문에 받아들이기 쉽지 않았습니다. 하지만 그 일 자체가 내 삶이 되고, 그것을 통해 연계된 공간이 자연스레 확대되면서 나중에는 그 말들이 그리 어색하지 않았고 일의 효율성을 위해 그 일본말을 먼저 떠올리게 되었습니다.

지금은 많이들 바꿔 쓰고 있는 줄 알고 있는데, 몇 해 전 내가 마지막으로 출판 실무에 몸담고 있을 때만 해도 제작 현장에선 여전히 위에 예를 든 말들을 쓰는 게 일처리가 빨랐습니다. 적어도 저 단어들을 내 머릿속에서 완전히 지우지 않는 한 현장에 임하게 되면 또 다시 무의식적으로 그 말들을 뱉을지 모를 일입니다. 분명한 건, 설사 내가 그 말들을 버젓이 쓴다 해도 지금 이 땅이 제국주의 일본의 식민지라고 생각해 본 적도 없고, 일본의 한반도 침탈이 정당하다고 여긴 적도 없습니다. 나는 여전히 모든 파시즘을 증오하며, 독선에 기초한 획일화와 집단성을 거부합니다. 그것은 우리말 바로 쓰기에서도 마찬가지입니다. 밝혀두지만, 나는 이왕에 쓰는 우리말을 바르고 정확하게 쓰자고 주장하는 사람이지 무조건적으로 언어 순화를 하자고 외치는 사람은 아닙니다. 그래서 예전에 통신이나 잡지 등에 '말글지킴이'란 이름으로 바른말 쓰기 칼럼을 연재하던 시절에도 순수언어운동 진영 쪽 사람들의 참여 제의를 정중히

거절한 바도 있습니다.

　해마다 광복절을 맞이하면서 미디어 매체에는 일제 잔재 청산을 외치며 우리말에 침투한 일본말을 씻어내자는 게 단골 메뉴로 등장하는데 언어순화라는 건 일제의 우리말 말살정책처럼 파시즘의 전제 아래 강제로 행해지지 않는 한, 하루아침에 인위적으로 이루어지기 쉽지 않은 일입니다. 더욱이 내 경우뿐 아니라 건설 현장이든 다른 어느 곳이든 자신의 삶에 녹아서 그것이 일상이 되고 자연스레 구사되는 말들을 당장에 사용금지 처분하는 것은 그 사람 생활의 숨통 어딘가를 막아놓는 끔찍한 일이 될 수도 있습니다.

　언어순화라는 것은 그 말글을 쓰는 주체인 언중이 일상에 장애가 되지 않는 범위 안에서 그때그때 말의 효용성에 따라 고쳐지도록 맡겨 나가는 편이 낫습니다. 우리의 근대화가 일본 제국주의를 통해 이루어진 것은 뼈아픈 일이지만 그 과정에서 생성되고 이미 우리말 속에 일백 년 가까이 녹아든 말들을 모조리 솎아내 버린다면 자칫 순화란 명분 아래 말글살이에 또 다른 혼란을 조성할 수도 있습니다.

　바른 말 쓰기는 그것이 일본말이라서 안 되고, 이것은 영어나 프랑스에서 온 말이기 때문에 되고 하는 문제가 아닙니다. 내가 보기에 더 큰 문제는 현실적으로 뜻이 통하는 데에 아무 문제가 되지 않는데 어휘 자체를 금지 목록에 올린다거나 너희는 틀리고 나만이 옳다고 하는 투의 말글살이 자체를 전체화하려는 방식입니다. 현장에서 일본어 낱말을 쓰건 러시아어 낱말을 쓰건 그것은 말하는 사람의 자유이고 그의 언어습관에 밴 어휘 선택의 문제입니다. 불특정한 개인이 향유하는 말글살이의 풍요를 아무리 외적 의지로 재단하려 해도 어차피 언어는 그 삶이 뿌리 내린 현실을 표현하게 마련입니다. 뒤틀리면 뒤틀린 대로 그 말이 살아 있는 한 소통에 지장을 주지는 않는다는 얘기지요.

조금만 눈여겨보면 알겠지만 요즘 아이들은 내가 우리말처럼 쓰는 일본말 정도도 거의 사용하지 않습니다. 나 역시 실생활에서 부모 세대가 썼던 일본말은 뇌리에 남아 있는 게 별로 없습니다. 오히려 아이들의 정서나 생각을 좀 더 이해하고 더 나은 소통을 위해 내가 알고 있는 짧은 일본 낱말들보다 더 공들여 그들이 일본 애니메이션이나 드라마에서 가져와 버젓이 쓰고 있는 일본말을 싫든 좋든 배워야 할 형편이기도 합니다. 말글은 그런 것입니다. 예컨대 아무리 사전에 잠자는 아름다운 우리말을 발견해서 쓰고자 해도 그것을 사용하는 게 보편화되고 사회성을 얻으려면 몇 십 년이 걸릴지 모릅니다.

우리말이 일본말 단어 몇 개 때문에 정체성이 흔들리고, 정통성이 해쳐질 정도로 허약하진 않습니다. 그건 몽골 지배 백 년이나 역설적으로 일본 제국주의 식민지 35년 동안의 말살 정책에서도 살아남은 것으로도 증명되고 있습니다. 우리말의 정통성이나 정체성의 문제라면 차라리 비한자권 문자인 영어로 인한 우리말 문장의 훼손과 오염이 더 심각하지 않은지 되돌아 볼 일입니다. 21세기를 넘긴 오늘 날에까지 여전히 일본 제국주의에 대해 피해망상적 트라우마를 지니지 않았다면 말입니다.

반갑다, 먹거리

십여 년 전, 통신상의 논란이 언론에까지 이어진 '먹거리' 논쟁에 참여한 적이 있습니다. '먹거리'를 표준어로 받아들여야 하느냐 마느냐 하는 문제를 두고 관심 있는 사람들에게 열띤 논쟁이 벌어졌지요. 결론부터 말하자면, 나는 기회 있을 때마다 줄기차게 전자 쪽을 주장해 왔습니다.

결국 십 수 년 만에 국립국어원에서 '먹거리'를 포함해 '맨날-만날', '짜장면-자장면' 등의 낱말은 물론, '-길래-기에' 따위의 어미까지 표준어로 받아들이기로 한 모양입니다. 논쟁의 한 축에 섰던 입장에서 상치던 것이 한순간에 풀리는 기분이었고, 참 감회가 남다릅니다.

사실 이 '먹거리'라는 낱말은 태어날 때부터 운명이 그리 순탄치 않아서 그 쓰임이 잦아질수록 시비의 목소리도 그치지 않았습니다. 이미 하나의 낱말로써 생명력을 가지고 생활 깊숙이 쓰이는 이 말을 학자들을 포함한 많은 언어순화론자가 문법 구조의 부당성을 들어 사용해선 안

될 말로 낙인찍었던 것입니다. 그 논지에는 충분히 타당성이 있음을 나도 일부 인정합니다. 먼저 '먹거리'의 구조를 보면, '먹다'라는 동사 어간 '먹-'에 '거리'라는 명사가 붙어 만들어진 말임을 알 수 있습니다. (더러는 '거리'를 파생어로 보는 경우도 있는데 그 때에도 명사에서 파생하는 것이라 성질이 바뀌지는 않는다)

'먹거리'를 표준어로 인정해서는 안 된다고 고집스럽게 주장하는 대표 선수인 이오덕을 포함해 '먹거리'가 낱말로 쓰일 수 없음을 주장하는 쪽의 의견을 살펴보겠습니다. '먹거리'는 우리말이 될 수 없다는 자신의 느낌이 틀림없다고 믿던 이오덕은 '반찬거리'와 '놀림거리'와 같이 명사에 명사를 붙여서 복합어를 만들 수는 있지만, '먹거리'의 경우, '쓰다'와 '그리다'를 '쓰거리', '그리거리'로 쓸 수 없는 것처럼 '먹을거리'로는 쓸 수 있어도 '먹거리'로는 절대 쓸 수 없다고 주장했습니다.

또 '먹거리'가 일본말의 영향으로 만들어진 낱말이라고 지적하면서,

타베모느(食物)→먹거리, 키모노(着物)→입거리, 요미모노(讀物)→읽거리 등의 예를 들기도 했지요.

그리고 '읽다'에서 '읽+거리'가 '이꺼리'로 발음되는 것을 우리말이라고 할 수 없는 것처럼 '먹거리' 역시 '머꺼리'로 발음되는 것을 받아들일 수 없기 때문에 써서는 안 된다는 얘기였습니다. 그 같은 주장은 당시 이오덕의 이름값에 기대어 꽤나 설득력 있는 논지로 한동안 제도권 말글 동네의 방패가 되기도 했습니다.

한편 서정수를 포함한 '먹거리' 옹호론자들의 주장은 대체로 다음과 같았습니다. '먹거리'는 '먹을 거리'를 줄여서 만든 말인데 일반 조어법에

서 그런 경우는 드물지만 '묵밭(묵은 밭)', '꺽쇠(꺽은 쇠)' 등과 같이 어간이 뒤의 체언과 바로 결합하는 예가 있고, 말 만들기에 따라서는 일종의 축약 현상이 있을 수 있으므로 '먹거리'도 불가능한 말이 아니라고 주장했습니다. 특히 서정수는 한자 조어는 날마다 만들어 쓰면서 토박이말로 새 말을 만들어 쓰는 데에는 인색한 점을 지적하면서 의미적으로 적절하고 꼭 써야 할 말이면 새 말을 많이 만들어 써야 한다고 주장하기도 했습니다.

또, 다른 주장은 우리말은 예부터 일반 조어법(통사적 합성법)과 다르게 만들어진 말(비통사적 합성법)이 많다면서, '묵밥', '검둥이', '밉상', '익반죽', '연메꾼', '검버섯', '늦서리', '늦바람' 등의 예를 들며 '먹거리'와 같은 형태인 '눅거리(눅은 거리)'의 경우에는 어떻게 반대할 것인지 제시했습니다.

그러나 그러한 주장에 대해 문형래 같은 이는 '먹거리'가 '먹을 거리'의 준말도 아니고 비통사적 합성어로 인정하자면 '먹을 식량', '먹을 음식', '먹을 과자', '먹을 사람' 등을 '먹식량', '먹음식', '먹과자', '먹사람' 등으로 쓰는 것도 인정할 수 있느냐며 문제 제기를 했습니다.

대개의 경우, 우리말에서 말 만들기에 품사를 결정하는 요소는 뒷말에 있습니다. 따라서 같이 '동사+명사'의 구조를 갖는 말도 당연히 명사로 보아야 합니다. 이 같은 전제는 바로 '먹거리'가 낱말로 타당성을 갖느냐 아니냐를 가르는 중요한 배경이 됩니다.

이와 관련하여 나를 비롯해 허재영 등은 우리말에서 '동사+명사'의 낱말은 예부터 '솟대(솟(다)+을 대'가 있을 뿐 아니라 다른 비통사적인 합성법에 의한 조어인 '먹보(먹(다)+을 보', '열쇠(열(다)+을 쇠'의 형태를 들어

'먹거리'의 쓰임이 타당하다고 주장했습니다.

그 같은 논란을 접어두고 뒤늦게나마 '짜장면'과 함께 '먹거리'가 우리 품에 돌아온 것을 일단 환영해 마지 않습니다. 말 만들기는 어법에 맞도록 해야 하는 게 당연한 일이지만 그 말에 담긴 뜻이 말글살이에서 충분히 통한다면 이미 그 말은 생명력을 얻은 것입니다. 거꾸로 아무리 어법에 맞고 우리말 특성에 잘 맞게 만들어진 말이라도 그 의미가 사회적으로 통용되지 않는다면 사라지는 게 당연하겠지요. 낱말이란 어차피 쓰는 이의 자의성에 의해 만들어지는 것이기 때문입니다.

한글날에 하는
말글생각

또 다시 한글날을 맞이하여 우리 말글살이를 바라보자니 착잡한 생각이 먼저 듭니다. 입 아프게 공휴일로 하느니 어쩌느니 떠드는 것과는 따로 도대체 이 땅의 말글정책은 언제쯤 제대로 된 길을 찾아갈 것인지 막막하기만 합니다. 제대로 가지 않았다면 무엇이 잘못이고, 제대로 가는 길이란 어떤 것일까요? 왜 한글날이 아직 있어야 하는지 되새기는 것조차 사치스러운 오늘, 다시금 우리네 말글 정책을 돌아봅니다.

본디 사람의 특성은 동물과 달리 문화를 누릴 수 있다는 데에 있습니다. 이는 예나 지금이나, 동양에서나 서양에서나 누구라도 알 법한 진리로 통하는 얘기지요. 그런데 사람이 누리는 문화라고 해서 모두 같은 것이 아니고, 여러 나라의 말이 다르듯 문화에도 차이가 있기 때문에 구성원 사이에 갈등과 마찰이 일어나기도 하고, 심지어 전쟁을 치르기도 합니다.

그래서 대개 나라가 제 나라 백성에게 펼치는 말글 정책, 또는 말글 교육은 모든 구성원이 같은 말과 문화를 고루 누릴 수 있는 기회를 주는 데에 초점을 맞추고 있습니다. 말글정책은 단순히 제 나라 말과 글을 가르치는 데에 그치는 것이 아니라, 한 나라의 구성원 사이에 생겨날 수 있는 문화 차이를 줄이고, 새로운 문화를 만들어 나갈 수 있는 뿌리를 심는 데에 무게가 실려야 하기 때문이지요. 이것은 삶의 풍요로움을 위해 문화의 다양성을 존중해야 하는 것과는 다른 차원의 얘기입니다.

예컨대 미국같이 여러 민족이 뒤섞인 나라에서 이루어지는 제 나라 말(영어) 교육을 떠올리면 될 듯싶습니다. 아무리 민족이 달라도 그들은 적어도 영어라는 울타리 안에서는 하나의 가치를 공유하면서 다양한 문화를 펼쳐내고 있습니다. 내 경험에 비추어도 그것을 어느 정도 짐작할 수 있을 것 같습니다.

예전에 일 때문에 월시라는 아일랜드계 미국인과 개그니라는 프랑스계 미국인과 두 해 넘게 친분을 쌓은 적이 있습니다. 한 사람은 증조부 대에 다른 한 사람은 할아버지 대에 이민 와서 자리를 잡았다니 우리의 이민 2,3세와 여건이 크게 다를 바 없겠지요. 두 사람 모두 민족적 자부심이 대단했고, 여전히 제 나라 말(아일랜드 영어, 프랑스 말)을 잊지 않을 정도로 자긍심이 있었지만 눈여겨볼 만한 점은 현재 자신들이 쓰고 있는 영어를 둘도 없는 모국어로 여기는 것이었습니다. 더욱이 그들이 드러내고 간직하려는 모든 가치의 중심에는 그 모국어(영어)를 통한 미국 이데올로기가 숨 쉬고 있는 것을 찾아낼 수 있었습니다. 그들의 말글 교육이 단순히 읽고 쓰는 것을 배우는 데에 그치는 것이 아니라 '영어'에 대한 애정을 키우고 그것을 통해 구현할 세상에 대한 안목을 기르는 데 있음을 나중에 깨달았습니다.

다행인지 모르겠지만 우리는 겨레 고유의 말글을 쓰고 있습니다. 그래서 몇 개의 국어를 인정하는 나라들과 달리 문화 정책으로 말글 정책의 실현이 훨씬 유리한 처지에 있다고 할 수 있습니다. 그런데 현실은 어떻습니까? 안타깝게도 여전히 제도교육 과정에서는 표기법과 정서법 등에 가르침의 무게가 실려 있고, 학교 울타리 밖에서는 현실과 사회성을 잘 반영하지 못하는 국어 순화나 일관성 없는 표준어 개정 따위의 정책이 되풀이 되지 않습니까?

게다가 교과서 안에서는 '민족과 언어를 공동운명체'(중학교)로 규정하다가도 '언어 그 자체가 문화이니 가치 판단을 앞세우지 말라'(고등학교)고 강조하니 어느 장단에 춤 취야 할지 갈피를 잡지 못하는 학생들이 애처롭기만 합니다. 요컨대 우리 말글교육은 '국어관'을 심는 것보다는 '국어', 자체를 가르치는 데에 머무르고 있는 게 현실이라 할 수 있습니다. 하지만 '국어'는 '영어'나 무슨 '제2외국어'처럼 하나의 과정으로 거쳐야 하는 교과목이 아니라는 데에 문제의 핵심이 있습니다.

두말할 것도 없이 우리 말글은 우리의 생각과 정서로 우리 것을 표현하는 도구입니다. 따라서 국어 교육은 우리 생각과 정서로 이루어진 세계, 곧 우리 말글이 어떤 것이고 왜 애정을 지녀야 하는지 가르치는 것이어야 합니다. 그렇게 하면 사이버 공간에서 파괴되고 현실 공간에서까지 학대당하는 우리 말글의 모습이 조금 줄어들지도 모릅니다. 사랑하는 것을 함부로 대할 사람은 아무도 없을 테니까요.

해방 이후 지금까지 일곱 차례 행해진 국어 교육과정을 보면 우리 말글 교육의 주된 목표는 표현과 이해 능력을 늘리는 데에 있습니다. 물론 타당한 목표이긴 하지만 더욱 중요한 것은 '우리 말글'이 무엇인지 알아야 한다는 점입니다.

'국어관'이 심어져야 요란 떨지 않아도 자연스레 말글 사랑으로 이어지고 맞춤법과 친해질 수 있습니다. 더욱 큰 문제는 목표와 현실 사이의 거리가 너무나 멀다는 것이지요. 교육 과정을 알차게 반영하지 못한 교과서의 문제는 일선 교사들의 한탄만으로도 족하다고 생각합니다.

도대체 어느 누가 국어 교육만을 통해 우리의 삶과 문화에 대해 깊이 깨달아 말 그대로 새로운 문화 창조를 위한 의지를 다질 수 있는지 궁금할 따름입니다. 그뿐만이 아니라 우리 말글의 생김새가 이러하고 바른 것이 무엇이다를 가르쳐야 할 문법 교육에 이르면, 왜 많은 사람이 학교를 떠나기만 하면 맞춤법 하나 제대로 지켜 쓸 수 없는지 그 까닭이 더욱 분명히 드러나고 맙니다.

무슨 문법 이론가를 키우는 것도 아닌데 잡다한 문법 지식만을 나열하고 필요한 경우에만 밀어넣기식으로 외우다 보니 누구처럼 오타쿠스러운 관심을 기울이지 않으면 나중에 용어 하나 제대로 챙기기가 어렵습니다. 그것은 얽히고설킨 우리 국어 학계의 풍토와도 깊은 관계가 있다고 여기지만 여기서 그 배경을 시시콜콜 설명할 재주란 솔직히 내게 없습니다.

국어는 국어학자들만의 것도 아니고, 고급문화를 영위하려는 소수의 사람 것도 아닙니다. 우리나라 사람 누구나 쓰는 살아 있는 말이어야 합니다. 흔히 우리의 얼이니 문화니 하는 것도 그냥 생겨나는 게 아닙니다. 반드시 애정이 있고, 그것을 창조할 수 있는 말과 글이 살아 있어야 비로소 가능한 일입니다.

다시 애국가를 생각하며

살인적인 폭염과 지루한 정치 공방을 앞에 두고 어김없이 68번째 맞이하는 광복절이 찾아왔습니다. 전국 곳곳의 기념식장에선 한결같이 애국가가 울려 퍼질 것입니다. 그 애국가를 듣다 보면 이따금 이런 생각이 들곤 합니다.

'도대체 이렇게 무미건조한 애국가를 왜 부르는 것일까?'

되돌아보면 나 역시 수십 년간 참으로 줄기차게 의식 때마다 이 노래를 불러 왔던 것 같습니다. 물론 부르기 싫을 때면 입만 벙긋 거린 기억도 나고. 새삼스럽게 민족의식이니 겨레의 정체성이니 따지기 이전에 올림픽에서 금메달을 딴 김연아가 시상대 위에서 따라 부르는 애국가와는 아무래도 정서상으로 큰 차이가 있는 것은 분명하겠지요.

일본 제국주의의 강점기 시절에는 구슬픈 스코틀랜드 민요인 〈올드 랜 사인〉 곡에 맞춰 부르기도 한 애국가. 그런 것을 안타까이 여긴 안익태 선생이 1936년 유학중인 오스트리아 빈에서 곡을 만든 것을 1948년

8월 15일 대한민국 정부수립과 동시에 국가로 쓰기 시작한 것으로 알려져 있습니다. 그런데 문제는 노랫말에 있습니다.

애국가 노랫말을 누가 지었는지는 애석하게도 아직까지 분명하게 밝혀진 사실이 없습니다. 다만 일제강점기 때에 서재필과 함께 독립협회를 세우고 105인 사건에 연루돼 옥고까지 치렀다가 변절 혐의를 받고 자결한 윤치호가 지은 〈무궁화가〉가 8.6조의 가사나 후렴부가 같은 것을 들어 원류라고 하기도 하고, 도산 안창호가 만들었다는 주장도 꾸준히 제기되고 있습니다. 또 음악가이자 목회자인 김인식이 일부를 지었다는 얘기도 있지만 아쉽게 객관적인 증거가 부족한 상태로 남아 있습니다.

어쨌거나 음악 교과서 등에는 아직 '작자 미상'으로 돼 있는 애국가의 1절 노랫말을 살펴보겠습니다.

[동해물과 백두산이 마르고 닳도록
하느님이 보우하사 우리나라 만세
무궁화 삼천리 화려 강산
대한 사람 대한으로 길이 보전하세]

애국가에서 우리가 자주 틀리는 말은 '하느님'을 '하나님'으로, '보우'를 '보호'로, '보전하세'를 '보존하세' 따위로 쓰는 것입니다. 여기서 '하나님'은 천 만 개신교인이 쓰는 종교적인 구주 '하나님'이고, 애국가의 '하느님'은 그냥 범신론적인 절대자를 가리킵니다. 기독교인들이 절대 '하나님'을 '하느님'으로 포기하지 않는 것을 떠나 노랫말대로라면 우리 겨레의 의지야 어찌됐든 우리나라는 어떤 초월적인 신이 '동해물과 백두산이 마르고 닳도록' 보살피고 도와준다는 뜻인데, 바로 그 '보우'라는 말 때문에 백성들은 저마다의 의지나 노력에 관계없이 어떤 선택적 운명의 굴레 아래 있는 것처럼 보이기도 합니다. 어딘지 나라와 역사의 주체인 백성이 나약하게 비춰질 우려가 있는 것이지요.

더욱이 후렴부의 '대한 사람 대한으로'라는 노랫말은 오랫동안 나에게 수수께끼 같은 말이었습니다. 일단 조사 '(으)로'의 쓰임새를 보면, 방향을 나타낼 때, 원인 이유를 나타낼 때, 재료 연장 방편을 나타낼 때, 신분 자격을 나타낼 때, 작용한 결과를 나타낼 때, 한정된 시간임을 나타낼 때 등입니다. 그렇다면 '대한 사람 대한으로'란 이 가운데 어떤 뜻으로 쓰인 것일까요?

대한민국 사람이 대한민국의 줄임말인 '대한'으로 가자는 얘긴지, '대한'이라는 것으로 '길이 보전하자'는 것인지 그 뜻이 아리송해지고 맙니다. 일설에 의하면 일제강점기에 해외에 흩어진 동포들이 독립을 염원하며 제 나라인 '대한'으로 돌아가자는 뜻을 담은 것으로 유추하기도 하는데 오늘날 현실에선 더욱 어울리지 않는 말이지요.

심지어 얼마 전에는 한 고조 유방이 천하를 제패하고 공신들 143인을 봉하여 열후로 삼으며 그 작위를 봉하는 맹서에서 한 말을 우리 애국가 노랫말이 표절했다는 주장까지 나오는 판국입니다. 사실 원문 번역한 것을 보면, 안창호가 됐든 윤치호가 됐든 김인식이 됐든 최병헌이 됐든 표절 혐의를 벗기 힘들 것 같다는 생각이 듭니다.

[황하가 띠 같아지고 태산이 숫돌 같이 되도록

나라를 길이 보존하여

이에 후손에게 미치게 하소서.]

(黃河如帶 泰山若礪 國以永存 爰及苗裔 — 痛鑑節要 漢紀 世宗孝武皇帝 下 己卯

三年에서)

더욱이 미터법을 쓰지 않으면 과태료까지 매기는 시대에 '무궁화 삼천
리'라는 표현도 요즘 자라나는 아이들에게 그 개념을 설명하고 이해시키
는 것은 쉽지 않은 일이지요.

뜻도 제대로 모르고 틀린 말로 부르며 표절 혐의까지 있는 애국가보
다 이제 좀 더 진취적이고 희망적인 내용을 담은 애국가가 필요하다는
것은 광복절을 맞는 나만의 성급한 생각일까요?

'굉장히'에 관한
대수롭지 않은
이야기

러시아의 '동네잔치'로 전락한 2014년 소치 동계 올림픽을 보면서 줄곧 심사가 편치 않았습니다. 거기에 케이비에스 해설자들까지 한몫 거들며 귀를 거슬리게 합니다. 남자 스피드 스케이팅 추월 경기에서 해설자가 계속 '저희나라'라고 하는 걸 간신히 참고 들었는데(다음 중계부터는 고치려는 노력을 하는 게 눈에 띄더군요) 이번엔 피규어 스케이팅 갈라쇼 중계를 하는 해설자가 김연아를 추켜세운답시고 엉뚱한 말실수를 하고 맙니다. 바로 이렇게 말이죠.

"예술적인 부분에서 굉장히 미완성된 부분을 볼 수 있다. 밴쿠버 금메달과 소치 금메달은 정말 질 차이가 확연히 나는 것을 알 수 있다"며 소트니 코바의 실력에 대해 언급합니다. 더욱 가관인 것은 이러한 말실수를 고치지 않고 그대로 옮겨 자신의 기사에 싣는 언론 매체들입니다. 사실 '굉장히 미완성된 부분'이란 없습니다. 미완성된 부분이 굉장할 수 없기 때문이지요, 해설자가 무슨 반어법을 즐기며 두동지게 말을 하는 사람이 아니라면 틀림없이 잘못된 표현입니다. 우리말에서 '굉장히'라는 말은 '아주 크고 훌륭하게'나, '보통 이상으로 대단하게'라는 뜻을 지닌 곳에 사용하는 부사입니다.

그뿐만이 아닙니다. 올림픽 기간 동안 일어났던 마리나 리조트 참사와 관련해서도 한 교수가 "사진으로 보면 서까래가 굉장히 약해 보인다."며 "체육관 형태이기 때문에 가운데 기둥을 넣을 수 없어 지붕 밑에 서까래를 튼튼하게 트러스를 짜서 넣어야 한다."고 지적한 것에서도 '굉장히 약한 서까래'는 존재할 수 없는 것입니다.

예컨대, 건물이 굉장히 아름답다거나 김연아의 실력은 굉장히 훌륭하다, 또는 그녀는 경제에 '창조'라는 말 붙이는 것을 굉장히 좋아했다 하는 식으로 쓸 수 있지만 작고 보잘 것 없는 것에는 쓸 수 없습니다. '굉장히'는 크고 작은 것에 상관없이 지나친 쪽에 사용하는 '매우'와 달리 어느 것이든 큰 쪽으로 지나친 쪽에만 쓸 수 있는 것입니다.

따라서 '굉장히 못 사는 집', '굉장히 몸무게가 가벼운 아가씨', '굉장히 작은 건물' 등은 모두 틀린 표현입니다. 이미 우리는 지나침을 표현하는 부사의 자리에 매우, 아주, 무척, 대신 온통 너나 할 것 없이 '너무'를 쓰는 시대에 살고 있습니다. 복잡하게 생각하지 않고 편의성만을 좇는 오늘날의 세태를 반영하는 말글 현상일 수도 있지만 풍부한 우리말 어휘를 스스로 죽여 가면서까지 적절하게 낱말을 사용하지 않음으로써 우리말의 정체성을 버릴 필요는 없다고 생각합니다.

'바라'는 왜
'바래'가 아닐까?

'간지럽히다, 쌉싸름하다, 허접쓰레기, 오손도손, 추근거리다' 흔하게 쓰는 이 말들은 얼마 전까지만 해도 표준어가 아니었습니다. '간질이다', '쌉싸래하다', '허섭스레기', '오순도순', '치근거리다'에 밀려 교정지 같은 곳에 나타났다 하면 사정없이 붉은 줄로 걸러내 고쳐지기 일쑤였지요. 물론 지금은 그럴 필요가 없습니다. 먹거리, 짜장면 등과 함께 이제 당당히 표준어로 한몫하고 있으니까요. 하지만 그 애들 무리에 끼지 못해 여전히 저 홀로 설움을 곱씹고 있는 낱말이 '바래'와 '바램' 아닐까 합니다. '생각대로 되기를 원한다'는 뜻을 지닌 '바라다'라는 동사가 구어체에서 사용될 때 '바라' 형태로 쓰이는 것이 맞습니다. 그런데 대개의 사람이 '바라'를 '누군가 날 사랑해 주기 바라'가 아닌 '누군가 날 사랑해 주기 바래' 형태로 소리 냅니다. 내 주변에만 해도 열에 아홉은 그렇게 발음합니다. '바라'라고 소리 내는 게 어딘지 모르게 어색하기 때문입니다.

또 '바라'의 명사형인 '바람' 역시 '바램'으로 쓰는 사람이 대부분입니다. 물론 '바램'은 불어오는 '바람'이나 유부남 유부녀가 딴 짓하는 '바람'과 혼동할 여지가 있기 때문에 그렇게 쓰는 것을 이해할 수 있습니다. 그래도 여전히 '바라'를 제대로 소리 내어 쓰는 게 어색한 까닭은 풀리지 않습니다. 우리말 음운 현상 가운데에는 앞 음절의 'ㅏ, ㅓ, ㅗ, ㅜ, ㅡ'가 뒤 음절에 전설 모음인 'ㅣ'가 오면 이에 끌려서 전설 모음 'ㅐ, ㅔ, ㅚ, ㅟ, ㅣ'로 변하는 '전설모음화'라는 게 있어서 일부 지방에서 '학교→핵교'로 소리 낸다거나 '손잡이'를 '손잽이'로 소리 낼 수는 있습니다. 하지만 '바라→바래'로 되는 현상은 그것으로 설명이 되지 않습니다.

잘 알다시피 양성모음 'ㅏ'는 우리말에서 가장 보편적이고 자연스런 모음이며 열린 느낌을 줍니다. 그러다 보니 '친구야, 네가 시험을 잘 보기 바라' 하는 식으로 문장 끝에서 쓰다 보면 희망하긴 하는데 심리적으로 무언가 그 희망이 갈 곳을 잃어버릴 것 같은 불안한 느낌을 지울 수 없습니다. 그런데 '네가 시험을 잘 보기 바래' 하고 끝내면 그 희망을 품에 잘 간직할 것 같은 느낌이 듭니다. 그래서인지 예부터 우리말에서 무언가를 간직하거나 막거나 보듬거나 하는 용언이 관련되어 명사가 된 낱말에는 대체로 'ㅐ' 발음이 붙습니다. 무엇을 막는 물건의 '마개'라든지, 이불을 덮는 것을 뜻하는 '덮개', '발싸개' 등이 있고, 뭔가를 가리는 '가리개'도 마찬가지입니다. 또 옛날의 노동에서 비롯된 '놀다→놀+애→노래' 형태도 있지요. 다시 말하면 '바라'를 너나 할 것 없이 '바래'로 소리 내는 게 '바라'보다 편하게 느껴지는 것은 우리의 오랜 언어 습관에 깃들인 심리적인 이유 때문이 아닌지 생각해 봅니다. 머지않아 '바래' 역시 짜장면과 같은 반열에서 우리말 어휘를 풍부하게 하는 표준어가 되길 나 역시 '바래' 봅니다.

동의어 반복을
어떻게 다룰까?

우리의 보편적인 언어 습관 가운데 가장 두드러진 것은 무엇일까요? 딱 꼬집어 말할 수는 없지만 내 생각엔 동의어를 반복해서 말하는 것이 아닐까 합니다. 텔레비전 방송을 보다 보면 거의 모든 프로그램에서 진행자들이 그런 표현을 하는 것을 볼 수 있습니다.

간단히 예를 들면, 스포츠 중계의 경우에는 '경기가 다시 재개되고 있습니다'라든가 쇼프로그램의 경우에는 '이미 이곳에는 뜨거운 열기가 가득합니다'라든가, 시사프로에서는 '주어진 여건은 불리하지만 그나마 나머지 근로자들이 역할을 다해 준 덕분에…'라든가 심지어 뉴스에서는 '대설주의보가 발효 중인 가운데…' 하는 식으로 말이지요. 달리 설명하지 않아도 예를 든 어휘를 보면 뜻이 겹치는 우리말과 한자어가 나란히 있음을 알 수 있습니다.

딱히 방송이 아니더라도 우리 주변에서 '넓은 광장'이니, '해변가 별장에서 누드 화보 촬영'이니 '순찰을 돈다'느니, '히트 친 노래'라느니, '크게 대승'이니, '거룩한 성일'이니 '회람을 돌린다'느니 하는 말을 흔하게 들을 수 있습니다. 특별히 언어를 다루는 사람 말고는 대개의 경우 뜻이 같은 낱말을 겹쳐 쓰는 일을 크게 의식하지 않는다는 얘기지요. 한마디로 본뜻이 통하면 너나 할 것 없이 그러려니 하고 넘어가는 게 보편적인 현상입니다.

그런데 한자어로 된 낱말이라면 일단 경기부터 일으키는 언어순화론자들은 그런 현상을 매우 못마땅하게 여기며 자신들의 저서에서 '우리말의 품위를 추락시킨다'느니, '치졸한 표현'이니 하면서 반드시 고쳐 써야 할 사안으로 지적하며 그런 대중을 나무라기도 합니다. 물론 말을 바르고 적확하게 쓰는 일은 매우 중요합니다. 하지만 그 어느 누구도 모든 낱말의 정확한 뜻을 알고 뇌리에 새겨 두지는 않습니다. 또 실생활에서 대화할 때나 의사를 전달할 때에 상대에게 뜻이 통한다면 동의어를 반복한다 해도 우리는 굳이 본디 뜻을 따지거나 그것을 지적하지 않습니다. 그 까닭은 그렇게 사용하며 우리의 말글 습관이 굳어졌고 그게 자연스럽기 때문입니다.

'광장'이 넓은 빈터를 말하므로 '넓은 광장'이라고 표현하는 것이 꼭 틀렸다고 말할 수는 없는 것입니다. 넓은 광장이라고 말한 사람이 넓은 것을 강조하기 위해 일부러 그렇게 표현했을 수도 있고, 그냥 '넓은 빈터'라고 하는 것보다 더 많은 군중이 모이기 바라는 심리적인 이유 때문에 '광장'이라는 낱말을 다시 썼을 수도 있습니다. 그리고 어떤 경우에는 한자어로 된 낱말 자체에 대한 의미를 좀 더 명확하게 상대에게 전달하기 위해 우리말을 곁들여 쓸 수도 있는 것입니다.

잘 알다시피 우리말은 고유어, 한자어, 외래어로 구성되어 있습니다. 그래서 고유어와 한자어, 고유어와 외래어가 섞여 새로운 낱말이 탄생하기도 했습니다. 그렇다 보니 반복적이거나 잉여적인 표현을 담은 무수한 낱말이 생활 속에 자연스럽게 녹아들었습니다. 그것을 우리 일일이 솎아 내 본디 뜻대로만 쓰고자 하는 일은 현실을 무시한 채 오히려 말글 생활을 더욱 위축되게 할 뿐입니다. 매체에서 바로 잡는 일은 교정 교열 전문가에게 맡기면 그만입니다.

봄꽃이 흐드러질 무렵, 남쪽 바다에서 전해 온 슬픈 소식이 온 국민의
가슴을 짓누르고 있습니다. 인간다운 가장 보편적인 삶의 안정조차 구현
하지 못하는 우리 사회의 낡은 틀이 무너지면서 날마다 우리의 부끄러운
속살이 드러나고 있습니다.

그동안 우리 사회가 얼마나 돈과 지위 등만 강조하는 경쟁의 사슬 속
에서 미쳐 가고 있었는지, 그런 사회 분위기 속에서 사람으로서 사람을
이해하고 공감하며 아우르던 정신은 얼마나 부정되고 팽개쳐졌는지 나
날이 극명하게 보여줍니다. 그 허점을 가득 채운 채 대한민국을 지탱하
던 냉소와 비정함, 보신주의, 무책임, 개인주의를 가장한 이기심이 그 참
혹한 사건을 계기로 한꺼번에 드러나 버린 지금, 개인은 개인대로 사회는
사회대로 그 상처를 벗어날 일이 까마득하기만 합니다.

우리 사회의 후진성을 여실히 보여준 세월호 참사를 보면서 구겨진 마
음을 추스르는 와중에 언론 매체에서 아무렇지도 않게 잘못 쓰는 표현

이 자주 눈에 띄어서 더욱 마음이 무겁습니다. 바로 '생때같은 자식을 찬물속에 둔 실종자 가족들은~ 운운' 하는 표현입니다. '생때같다'는 말을 매우 사랑하고 소중하게 여긴다거나, 그렇게 소중히 여기는 것을 잃어 섭섭하거나 서운한 느낌이 있다는 뜻으로 썼다면 바르지 않은 것입니다. '생때같다'는 하나의 형용사로서 몸이 튼튼하고 병이 없다는 뜻입니다. 예를 든 문장에서처럼 주로 관형사형인 '생때같은'의 형태로 쓰이지요.

[등산을 즐기던 '생때같은' 아우가 갑작스레 병을 얻어 입원했다.]

또 '생때같다'의 생때를 당치도 않은 일에 억지로 떼를 부리는 '생떼'로 착각하기도 하는데 소리는 비슷하지만 '생때같은 자식을 잃다'와 '생떼를 쓰다'나 '생떼를 부리다'는 엄연히 그 뜻이 다릅니다. '생떼'는 말 그대로 '억지로 부당한 요구나 청을 들어 달라고 고집하는 짓'을 말합니다. 어쨌든 '생때'가 무엇을 뜻하는 것인지는 이렇다 하게 전해지는 것은 없습니다. 그래서 실제 말글살이에서 혼돈이 생겨나는 것 같습니다.

학자에 따라서는 일본 제국주의 식민지 시절 나온 〈조선어사전〉에 '생대같다'의 형태로 실려 있는 것을 근거로 '생때'라는 말이 '푸르고 싱싱하게 살아있는 대나무'를 뜻하는 '생대'(生+대)에서 왔을 것으로 추측하기도 합니다. 물론 현재에는 모든 국어사전에 '생때같다'만이 표제어로 실려 있습니다. 적어도 배에 오를 때까지는 한결같이 누군가의 '생때같은' 자식들이었을 사망자들에게 애도를 전하며 유가족들에게도 큰 희망을 전하지 못하지만 이 글로써 조그마한 위로나마 드립니다.

〈행복한 사전〉
이야기

얼마 전 무척 흥미로운 일본 영화 한 편을 보았습니다. 사실 흥미보다는 보는 내내 묘한 감회가 앞섰지만 말입니다. 처음에 〈행복한 사전〉이라는 제목만 보고 설마 그 '사전'을 다루는 내용이라고는 상상하지 못했습니다. 뭔가 은유적인 뜻이 담겨 있겠지 하던 내 생각은 보기 좋게 어긋나고 맙니다. 말 그대로 영화는 실제로 사전 한 권을 편찬하는 과정과 그것을 만드는 사람들의 이야기 그게 전부이니까요.

그런데 그 단순하고 소박한 이야기가, 관심 없는 사람이 보면 자칫 지루해질 수도 있는 그 이야기가 그토록 공감이 가고 여운을 남기는 까닭은 비단 내가 수십 년 동안 우리말을 다루고 책 만드는 일을 해 왔기 때문만은 아닐 터입니다. 남은 생을 사전 편찬에 뜻을 두고 있지만 닿지 않는 그 현실이 멀게만 느껴진 탓일까요. 어쨌거나 본디 제목이 〈배를 엮다〉인 이 영화는 디지털의 홍수 속에서 무감각하게 편의만 좇으며 살아가는 우리에게 아날로그적인 것의 소중함과 그 경계를 거부감 없이 슬기롭게 넘어서는 방식의 진정성을 우리에게 일깨워 줍니다. 무려 15년 이상이 걸리는 사전 편찬 작업을 통해서 말이지요. 그들의 생각은 한결 같습니다. 15년 전이나 지금이나, 요컨대 아날로그를 겪은 세대나 디지털 세대나 그 누구에게도 '우리말 사전'은 쓸모 있는 것이라는 생각 말입니다. '행복은 자신이 다른 사람에게 쓸모가 있다고 느끼는 것이다'는 말처럼 누구에게나 필요한 사전이 되는 것은 참 행복한 일일 터입니다.

그렇기에 〈행복한 사전〉은 영화만큼이나 썩 잘 만들어진 제목이기도 합니다. 과연 우리도 〈행복한 사전〉을 만들 수 있을까요? 우리나라에서 처음 우리말 사전을 만들려고 한 것은 1929년 조선어사전 편찬회의가 구성되면서부터입니다. 그런데 그때 수년 간 이루어진 작업성과가 고스란히 '조선어학회 사건'의 증거물로 일본 경찰에 압수됐다가 1945년 9월 옛 경성역 조선통운 창고에서 발견됩니다. 이 원고를 수습하여 결국 1947년 10월 9일 한글날에 맞춰 '조선말 큰 사전'의 첫 번째 책이 세상에 빛을 봅니다. 하지만 해방 직후 우리나라의 출판 환경이 녹록치 않았습니다. 결국 미군정 아래 록펠러재단의 지원으로 '큰 사전'으로 이름을 바꾼 뒤 무려 28년 만인 1957년 마지막인 여섯 번째 책을 펴내면서 첫 번째 '대사전'의 편찬을 마감하기에 이르렀습니다.

이후 60년대 초에 민중서관(현 민중서림)에서 국어학자 이희승이 만든 〈국어대사전〉이 나와 큰 인기를 얻었고, 우리나라 사전 시장을 장악합니다. 어느 집에나 이희승 저 국어사전 하나쯤은 있는 시절이었죠. 그리고는 70년대 중반 성대 교수이던 신용철 선생이 동생 신기철 선생과 함께 만든 삼성출판사의 〈새 우리말 큰 사전〉이 세상에 나와 우리나라 사전 시장을 양분하게 됩니다. 그렇게 사전 편찬이 돈 되는 사업으로 자리 잡자 내로라하는 출판사들이 너도나도 국어사전 만들기에 나서 〈새 국어대사전〉, 〈동아 국어대사전〉, 〈금성판 국어대사전〉 등이 잇따라 세상에 나와 그야말로 사전의 춘추전국시대를 맞이하기도 합니다. 사정이 그렇다 보니 일부 사전은 짜깁기를 하여 어휘수를 쓸데없이 늘리거나 쓰지도 않는 말을 싣고 일본어 사전의 잔재를 그대로 답습하는 등의 숱한 문제점을 드러내기도 했습니다.

그러다가 노태우 정부가 들어서면서 1991년 이어령 문화부 장관 지시로 국립국어원이 〈표준국어대사전〉(표준사전)을 편찬하면서 민간이 주도하는 사전 편찬은 사양길에 들어서게 됩니다. 2001년 발간 예정이던 〈표준국어대사전〉은 계획을 앞당겨 1999년 편찬이 끝나고 세상에 나옵니다. 〈표준국어대사전〉은 50만 개의 표제어와 7300여 쪽에 이르는 지금까지 우리나라에서 나온 사전 가운데 가장 규모가 큽니다. 나라에서 주관한 사업이다 보니 민간 출판사가 감당하지 못할 시간과 인력, 예산이 투입된 것이지요.

나만 해도 출판 일을 하며 어느샌가 〈표준국어대사전〉의 의존도가 90%에 이르는 것을 보면 〈표준국어대사전〉이 출판계에 끼친 영향은 거의 절대적이라고 볼 수 있습니다. 그런데 한편으로는 내용상의 몇 가지 결함 말고도 민간 사전의 발전을 저해한다는 부정적인 지적도 상존하는 게 사실입니다. 더욱이 국립국어원이 2008년 개정판부터 인터넷에 무료 공개하는 전자사전만 내기로 하면서 종이 국어사전들은 더 이상 이 땅에 발붙이기가 힘든 처지가 됐습니다. 또한 말뭉치 언어학을 바탕으로 한 사전으로 관심 받던 고려대 〈한국어대사전〉 역시 2009년 이후 종이사전은 펴내지 않기로 하면서 이른바 '대사전'류의 우리말 사전은 오직 사이버 세상에서만 만날 수 있고 현실 세상에서 만나기가 어렵게 됐습니다.

그렇다고 해서 민간에서 이루어지는 사전 편찬 작업이 모조리 중단된 것은 아닙니다. 이미 고등학교 교사 출신으로 〈우리말 어원 사전〉을 낸 바 있는 백문식 선생은 2004년에 〈우리말 파생어 사전〉을 낸 데 이어 〈우리말 부사 사전〉(2006), 〈우리말 형태소 사전〉(2012) 등을 계속 펴내기도 했습니다. 또한 원광대 최경봉 교수는 최근 '의미 따라 갈래 지은' 〈우리말 관용어 사전〉을 펴냄으로써 우리말 사전의 다양화와 전문화에 획을 보탰습니다.

특히 농부 철학자로 잘 알려진 윤구병 선생의 20여 년간의 집념으로 만들어진 〈보리 국어사전〉 세밀화 외에 다양한 용례를 지금 아이들이 쓰는 말로 바꿔 넣고, 올림말 500개를 포함한 북녘어 800개를 넣어 학습용 사전으로 각광을 받고 있기도 합니다. 한 사전 편찬자의 말처럼 사전 편찬이란 그야말로 '보람도 있지만 좋은 시절을 늪에 빠진 듯 헤어나지 못한, 돈도 안 되고 알아주지도 않는 일'입니다. 사전 편찬을 해 본 적은 없지만 연감과 사사 등의 편찬에 참여하면서 어휘 목록 등을 작업해본 나로서도 얼마나 끔찍한 일인지 충분히 짐작이 되고도 남습니다.

하지만 어차피 누군가는 또 다시 헤어 나오지 못한 채 해야 할 일이기도 합니다. 그게 나일지도 모르고 당신일지도 모릅니다. 그래야만 하는 까닭은 〈행복한 사전〉에서 사전이 세상에 나오는 것을 보지 못하고 아쉽게 눈을 감은 늙은 편찬자가 잘 말해 주고 있습니다. '어떤 낱말의 의미를 안다는 것은 누군가의 마음을 정확히 알고 싶다는 것이죠. 그건 타인과 연결되고 싶다는 우리의 욕망이 아닐까요? 그리고 우리는 모두 그 낱말의 바다에 살고 있으며, 사전은 바로 그 바다를 떠다니면서 사람과 사람 사이를 이어주는 배와 같은 역할을 하는 것입니다' 결국 사전은 우리가 끊임없이 소통하고 올바르게 어울리기 위해 반드시 필요한 것이고, 사전이 행복할수록 아름다운 모국어로 우리도 더욱 행복해지리라는 믿음을 주기 때문에 소중한 것입니다.

보경이는
어디로 갔을까?

표현사전 만들기

초등학교 삼학년 때에 보경이가 그랬습니다. '너는 참 글을 잘 쓰는구나' 어느 글짓기 대회에 출품된 '고구마'란 시가 입상해서 소년 한국일보에까지 실렸는데 그걸 보고 하는 소리였습니다. 사실 난 좀 부끄러웠습니다. 중학교에 다니던 누이가 제출하기 전에 손을 약간 봐준 것이거든요. 웬일인지 솔직하게 말할 용기가 나지 않았습니다. 부반장이던 보경이는 우리 반 여자 아이들 중에서 내가 제일 좋아하던 아이였으니까요.

어느 봄날 반 동무가 결석해서 함께 그 애 집을 찾아간 적이 있는데 아지랑이가 살랑거리던 충정로 언덕길을 넘어갈 때 손을 꼭 잡고 걷기도 했답니다. 곱고 따뜻했던 그 느낌이 지금까지도 잊혀지지 않습니다. 보경이의 그 말이 자꾸만 떠올라 나는 정말 글을 잘 쓰는 사람이 되고 싶었습니다. 그래서 그때부터 열심히 글쓰기를 하게 되었습니다. 하고 싶은 일을 하면서 차츰 솜씨도 늘어가니 지금 떠올려도 무척 행복한 나날이었던 것 같습니다. 더욱이 내 글을 보며 보경이가 더 기뻐할 것을 상상하면 늘 가슴이 콩닥거렸습니다.

그 당시 이미 나는 글짓기 대회 상품으로 받은 국어사전을 몇 권 가지고 있었습니다. 아이들이 보는 얇은 것에서부터 어른들이 보는 두꺼운 것도 있었습니다. 책을 즐겨 읽기도 했지만 역시 가장 많이 들여다 본 책은 국어사전이 아닌가 합니다. 그래서 어른이 된 지금까지도 가장 감명받은 책을 쓰라면 서슴없이 국어사전이라고 적어 넣습니다.

국어사전을 펼쳐들고 말들 속을 헤엄치다 보면 시간 가는 줄 몰랐습니다. 그 많은 말을 아는 사람은 얼마나 좋을까. 그 말들을 모두 알면 자기가 원하는 가장 아름다운 말로 글을 쓸 수 있을 것 같았습니다. 내 꿈은 그때부터 훌륭한 국어사전을 만드는 것이었습니다. 하루는 장래 희망을 발표하는 시간이 있었는데 다른 동무들이 과학자, 선생님, 장군, 대통령 등이라고 말할 때 나는 국어사전 만드는 사람이라고 말했다가 급우들이 모두 웃는 바람에 그만 얼굴이 빨개진 적도 있습니다.

그런데 담임인 이금희 선생님이 어떤 사람이 되느냐보다 그 꿈을 이루기 위해 얼마나 최선을 다하는지가 중요하다며 열심히 해보라고 다독거려 주셔서 참 기뻤습니다. 선생님 격려 덕분에 난 내 꿈을 더욱 소중하게 가슴에 꼭꼭 묻어둘 수 있었습니다.

삼학년 이 학기 가을에 난 동네 집짓는 공사장에서 놀다가 오른팔을 열네 바늘이나 꿰매는 큰 상처를 입었습니다. 요즘에는 대부분 강관 비계를 설치하지만 예전에는 건축공사에 나무로 된 비계를 사용해서 못이 튀어나온 곳이 많은 탓이었지요. 한동안 글을 쓸 수 없게 되었습니다. 수

업 시간에도 필기를 할 수 없어 애가 탔습니다. 그때 짝이던 보경이가 꼬박꼬박 수업 내용을 대신 필기해 주었습니다. 무척 고마운 나머지 글을 쓸 수 있게 되자마자 그 내용을 글로 써서 다시 상을 받기도 했습니다.

그런데 큰 일이 닥쳤습니다. 사학년에 올라가면서 보경이가 전학을 가게 될지도 몰랐습니다. 베이비붐이 절정에 다다른 해에 태어난 세대라 전교생이 만 명이 넘기 때문에 학교 근처에 사는 애들 말고는 모두 집 근처의 다른 학교로 보낸다는 것이었습니다. 아현동에 집이 있던 보경이도 그중에 하나였습니다. 세계 최대의 학생 수로 우리 학교 얘기가 신문에 실리기도 했습니다.

새 학년이 되자 보경이는 결국 전학을 가고 말았습니다. 학교가 텅 빈 것 같았습니다. 글쓰기도 소홀해졌습니다. 보경이가 필기해준 공책을 가끔 들여다보며 그 애를 떠올리기도 했습니다. 방과 후에 일부러 그 애와 함께 걷던 충정로 길을 따라 빙빙 돌아서 집에 가기도 했습니다. 그 이후로 보경이와는 소식이 끊겼습니다. 지금쯤 중년의 모습으로 어디선가 글 쓰는 사람이 된 내 글을 보며 슬며시 웃음 짓고 있을지도 모르겠습니다.

보경이 앞에서도 약속했듯이, 내게 이제 남은 일은 훌륭한 국어사전을 만드는 것입니다. 내가 만들고자 하는 사전은 단순한 낱말의 뜻풀이를 위한 국어사전이 아닙니다. 글 쓰는 사람과 우리말을 공부하는 사람에게 반드시 필요한 문장 중심의 '표현 사전'입니다. 세월이 얼마나 걸릴지 모르지만 죽기 전에 반드시 실현하고 말 것입니다. 안타깝게도 우리나라에는 제대로 된 표현사전이 없습니다. 예전에 박용수 선생이 만든 우리말 갈래 사전이 세상에 나와 9개의 분야별로 쓰임을 알 수 있게 정리했으나 그 독보적인 노력과 성과에도 불구하고 고유어 낱말에 한정되어 어딘지 아쉬움이 남았던 게 사실입니다.

나는 그러한 바탕 위에 더욱 폭 넓은 표현의 영역을 아우를 수 있는 사전을 만들고자 하는 것입니다. 사전 하나 편찬하는 데에 어느 정도의 비용과 시간이 필요하고, 복잡한 과정을 거쳐야 하는지 잘 알고 있기에 어쩌면 '미친 놈' 소릴 들을지도 모르겠는데 언제가 되든 반드시 해내야 할 작업이라고 다짐하고 있습니다. 그것이 애오라지 모국어로 지금까지 먹고살고, 시인이란 계관을 얻을 수 있도록 한 우리말에 대한 내 마지막 애정 표시이자 버킷리스트인 셈입니다.

나와 마찬가지로 우리말을 사랑하는 실천적 '미친 짓'을 함께하며 애정을 나눌 수 있는 동지 또한 반드시 필요한데 글을 다루는 분이면 좋고 딱히 우리말 전공자가 아니더라도 바탕에 생각과 신념이 엇비슷하다면 얼마든지 참여할 기회를 드릴 것입니다. 거기에 내 뜻을 지지하는 여러분의 후원도 큰 도움이 될 것임을 믿습니다.

여전히 하고 싶은 일을 하며 꿈을 위해 살 수 있으니 나는 행복한 사람입니다. '모든 사람의 인생은 자기 자신에게로의 정도이며, 큰 길의 모색이며, 작은 길의 암시이다. 일찍이 자기 자신이 된 사람은 아무도 없었다. 그럼에도 각자는 그렇게 되도록 노력한다. 각자 자신이 할 수 있는 대로, 어떤 사람은 둔하게 어떤 사람은 더욱 밝게…' 데미안에 나오는 말처럼 이왕이면 나는 더욱 밝게 살고 싶습니다.

ㄱ
ㄴ
ㄷ
ㄹ
ㅁ
ㅂ
ㅅ
ㅇ
ㅈ
ㅊ
ㅋ
ㅌ
ㅍ
ㅎ

'가' 이야기

출생의 비밀

우리말에서 주격조사는 누구나 알다시피 '이'와 '가'입니다. 앞의 체언이 모음으로 끝나는 경우에는 '가'이고, 앞의 체언이 자음으로 끝날 때에는 '이'를 붙이지요. 간혹 같은 체언(주어)의 뒤에 붙어 문장 속에서 주제어를 이끌어 내는 역할을 하는 '은'과 '는'을 주격조사로 착각하기도 하지만 이미 몇 차례 언급한 대로 '은'과 '는'은 보조사입니다. 왜 같은 주어의 뒤에 붙는데도 '은/는'은 주격조사 구실보다 다른 역할을 해야 하는지는 뒤에 설명하기로 하고, 먼저 어떻게 '이'와 '가'가 우리말에서 주격조사 노릇을 했는지 알아보겠습니다.

본디 중세 이전까지 우리말에서 주격조사는 '이' 하나만이 쓰였습니다. '이'가 홀로 쓰이며 자음으로 끝나는 체언(폐음절)에서는 그대로 '이' 형태를 유지했고, l 모음을 뺀 다른 모음으로 끝난 체언 뒤에선 선행 모음과 함께 이중 모음을 이루었으며, l 모음 뒤에선 생략된 형태인 영(제로) 형태를 보였습니다.

그런데 이 '이'가 17세기 중반 이후부터 체언이 모음으로 끝나는 경우(개음절)에 '가'라는 형태를 취하며 나타납니다. 간혹 선조시대에 임진왜란을 겪은 이후 일본어 주격조사가 '가'로 소리 나는 것의 영향을 받아 우리말에서도 '가'가 주격조사로 쓰였다는 주장이 있기도 하지만 임진왜란 이전의 문헌에서 '가' 형태의 주격조사가 보이는 것으로 미루어 근거 없는 주장이라고 생각합니다.

사실 모음으로 끝나는 체언에 '이'를 붙일 때에 청각적으로 분명치 않은 점을 떠올리면 '가'의 출현은 언어 발전상 어쩌면 필연적인 것이었는지도 모릅니다. 물론 아직까지 중세어의 흔적이 남아 있는 서북지방이나 황해도, 제주도 방언에서는 '가' 대신에 '래, 라, 리' 같은 주격조사가 쓰이기도 하지만 말입니다.

이중적 성격

주격조사 '가'를 얘기할 때 **빼놓을** 수 없는 것이 바로 이중적 성격입니다. 우리말은 문장 자체만으로는 그 뜻이 뚜렷하게 나타나지 않는 표현이 제법 많습니다. 그 대표적인 역할을 '가'라는 주격조사가 하는 셈이지요.

예를 들면 이렇습니다.

[순이가 화장실에 왜 가나.]

이 문장을 보면 단순한 것 같지만 순이가 화장실에 가긴 가도 (조금 전에 다녀 왔는데) 왜 가는지 모르겠다는 뜻과 아예 가지 않거나 갈 까닭이 없음을 강조하는 두 가지 뜻으로 읽힙니다. 어떻게 해석하느냐에 따라 반대의 뜻을 지니게 되는 것이지요.

또 하나의 예를 들어 보겠습니다.

[같은 모임에 다니는 대식이와 성숙이가 이번 가을에 결혼한다.]

이 문장도 마찬가지입니다. 이번 가을에 대식이가 누군가와 결혼하는데 같은 모임에 다니는 성숙도 이번 가을에 누군가와 결혼한다는 뜻인지, 아니면 대식이와 성숙이가 이번 가을에 결혼한다는 뜻인지 이중적으로 해석되는 것입니다.

이처럼 주격조사 '가'는 우리말에서 이중적 성격을 띠는 문장의 주어로 자주 쓰입니다. 그래서 그 같은 이중적(중의적) 성격을 줄이기 위해 주제격조사의 역할을 하는 보조사 '은'과 '는'을 활용함으로써 주제어와 주어의 구별을 가능케 하는 것입니다.

또 다른 역할

주격조사 '가'가 하는 일 가운데 또 하나 중요한 것이 있습니다. 바로 우리말 문장에서 강조의 뜻을 나타낼 때 활용되는 것입니다. 흔히 나타나는 꼴이 의존명사나 부정을 나타내는 연결어미 '지' 뒤에 붙어 보조사 역할을 하는 것입니다.

[요즘 날씨는 춥지가 않다.]

[당신이란 사람이 그런 짓을 할 리가 없습니다.]

[당최 무슨 말을 하는지 도무지 알 수가 있어야지.]

또 연결어미 '고'와 보조형용사 '싶다'를 결합시켜 '…가/이 …고 싶다'는 틀을 만들어 얻고자 하는 것을 강조하는 마음을 나타내기도 합니다.

[봉식이는 설국열차가 보고 싶다.]

그리고 보통 부사격조사 '에'를 쓰는 것이 자연스럽지만 '가'를 사용해서 강조의 의미를 나타내기도 합니다.

[제주도, 거기가(에) 내가 가고 싶은 곳이다.]

끝으로 주격조사 '가'는 일부 대명사 '나, 너, 저' '누구' 등과 결합할 때에 '내, 네, 제'로 체언의 형태를 아예 바꾸기도 하는 묘한 재주도 지녔답니다.

[내가(나+가) 이 음식을 꼭 먹어야겠니?]

[네가(너+가) 반드시 성공해야 한다.]

[제가(저+가) 갈까요?]

[누가(누구+가) 할 사람 없어?]

'다' 이야기

우리말에서 문어와 구어체의 경계를 가르는 대표적인 형태소가 서술 격조사와 종결어미로 쓰이는 '다'입니다. 문어체에선 의문형을 빼고 거의 모든 문장의 끝이 '다'로 끝난다고 해도 지나친 말이 아니지요. 다시 말하면 '다'만큼 우리말 문어체 문장에서 맹활약하는 글자도 드물다는 얘기입니다. 그것에 견주어 우리 일상의 구어체 문장에서 말끝에 '다'를 붙이는 경우란 설교나 강의 같은 특별한 때를 빼면 마주치기 쉽지 않습니다. 그래서 아무리 세대가 변하고 말글의 쓰임이 언문일치화해도 우리말 문어체 문장에서 '다'를 없애려는 시도만은 거의 불가능하다고 볼 수 있습니다. 한때 이오덕 같은 양반이 살아있는 글이라며 입말 중심의 글쓰기를 주창하는 가운데 '다'를 문장에서 사살하려고 한 적도 있지만 꿋꿋하게 살아남은 '다'는 여전히 대한민국 문어체 문장의 말미를 지키며 지금 내가 쓰는 글에서도 기세등등하기만 합니다.

오래 전 김승옥이나 최인호, 이제하, 조선작 등의 작가들도 몇몇 작품 속에서 실험적으로 입말에 가깝게 종결어미와 서술격조사를 바꾼 적이 있는데 그들의 훨씬 더 많은 작품 속 문장에선 역시 '다'가 사용되고 있음을 알 수 있습니다. 오랜 언어습관 탓일 수도 있겠는데, '다'가 문장 속에서 지닌 힘은 확실히 구어체 말끝에 쓰이는 '네', '지', '거든', '요', '야', '군', '어' 등보다 강합니다. 그렇다 보니 아무래도 구어체보다 딱딱한 느낌이 들면서도 문장에 담은 내용이 좀 더 명료하게 전달되도록 하는 효과를 지니고 있습니다.

사실 우리말에서 '다'는 그 엄청난 활동성만큼이나 별종이긴 합니다. 문법적으로 보면 다른 자립 형태소들에게 달라붙어 관계언 역할이나 하는 게 조사인데 이 '다'라는 놈들은 조사 가운데 유일하게 '종결형 서술격조사'라는 멋진 이름까지 가지고 스스로 서술하는 힘을 지닌 채 변신을 하니 기가 찰 노릇입니다. 더욱이 조사 '다'의 쌍둥이 동생인 종결어미 '다'를 보면 아무래도 이놈들의 영역을 침범하기란 더욱 어려운 일이 될 것 같습니다. 서술격조사 '다'는 '박대순은 착한 사람이다'에서처럼 체언에 받침이 있으면 '-이다' 꼴이 되고 '박대순은 바보다'에서처럼 받침이 없으면 그냥 '다'로 적으면 됩니다.

그런데 체언에 받침이 없어도 '-이다' 꼴로 써도 무방한 게 이 '다'입니다. 바로 위 문장에 쓴 것처럼 문장의 내용을 좀 더 확실히 전하려 할 때에는 별로 문제가 되지 않습니다. 어미로 쓰이는 '다'는 대체로 우리말에서 용언(동사, 형용사)의 어간에 붙어 으뜸꼴(기본형)을 나타내기도 합니다. 예컨대, '자다', '살다', '울다', '자라다'〈동사〉, '좋다', '예쁘다', '푸르다' 〈형용사〉 등이지요. 이때 형용사의 경우에는 으뜸꼴 자체가 현재형이지만 동사의 경우 기본형을 현재 시제로 바꾸려면 반드시 'ㅡㄴ다'의 꼴로 현재 시제 선어말어미인 'ㄴ'을 붙여 주는 정도의 센스를 잊어서는 안 됩니다. 왜냐하면 자주 틀리게 쓰기 때문에 강조하는 것입니다. 우리말에서 동사와 형용사는 서술어로써 주로 문장의 끝을 차지하고 그 끝을 또 '다'가 장식하니 이래저래 문어체 문장에서 '다'를 애써 버리려는 것은 공연한 수고일 터입니다.

'ㅂ'의 추억

나는 내 이름의 첫 글자인 'ㅂ'을 별로 좋아하지 않습니다. 처음 그것을 영어로 적을 때 멋모르고 'BAK'이라고 했다가 망신당한 적도 있지요. 'Park'이라고 적어야 맞는다는 것입니다. 왜 우리말 'ㅂ'을 'ㅍ' 소리에 가까운 'P'로 적어야 하는지 당시에는 이유를 가르쳐 주는 사람이 주위에 아무도 없었습니다. 대개 그렇게 적는 게 당연하다는 투였으니까요. 곰곰이 떠올려 보니 그 당시 아버지가 내 성적표에 적어 놓은 사인도 'Park'이었습니다.

양순파열음인 'ㅂ'을 국제 음성문자로는 /P/로 적어야 함을 안 것은 훨씬 뒤의 일이었고, 'ㅂ'에 대한 안 좋은 추억은 그것으로 그치는 게 아니었습니다. 중학교 이학년 때에 제법 알파벳을 읽고 쓰고 할 줄 아니까 동무들에게 우리말을 영어로 적어 놀리는 장난을 치곤 했습니다. 한번은 같은 반 동무에게 '바보'라고 놀리기 위해 쪽지에 'Pabo'라고 적어 보냈습니다. 이름자에서 'ㅂ'을 'P'로 적는 것을 떠올린 것입니다. 그랬더니 그 녀석은 너 정말 바보 아니냐며 '바보'는 'BABO'로 적는 게 맞는다고 박박 우기는 게 아닙니까. 한 치 양보도 없는 승강이는 방과후 혈투로까지 이어졌고 녀석이나 나나 다음 날 정말 '바보'스럽게 퉁퉁 부은 얼굴로 등교했음은 물론입니다.

사실 우리말에서 '바보'라는 말은 앞소리가 무성음이기 때문에 'P'에 가깝게 소리 나고 뒤의 '보'는 유성음 사이에 낀 자음이어서 '보'라고 그대로 소리가 납니다. 오늘날 국어의 로마자 표기 원칙에 따라도 'Pabo'가 맞는 것이지요. 소리에서 그처럼 이중성을 띤 'ㅂ'은 그 문법적 역할에서도 가증스럽게 여러 가지 불규칙한 이중적 얼굴을 하고 다닙니다. 잘 알다시피 'ㅂ'은 우리말에서 일부 동사를 형용사로 만드는 접미사입니다.

예컨대, '놀라다', '그리다' 같은 동사에 'ㅂ'이 붙으면 형용사 '놀랍다', '그립다'로 변하지요. 그런데 그렇게 규칙적으로만 파생하면 'ㅂ'이 아니랄까 봐 '배곯다—배고프다', '앓다—아프다', '아끼다—아깝다', 반기다—반갑다', '믿다—미덥다'에서 보이듯 끝소리가 탈락하는가 하면, 다른 모음이 불규칙하게 덧붙여지기도 합니다.

결정적으로 'ㅂ'이 얄미운 것은 용언에 붙어 불규칙 활용을 할 때입니다. 얌전한 'ㄹ'처럼 'ㄴ, ㅂ, ㅅ, ㅗ'와 관형형 어미 '-ㄹ/을' 앞에서만 탈락한다'고 선언하고 그 범위 안에서만 놀면 되는데, 용언에 붙은 'ㅂ'은 불규칙 활용을 하다가도 정칙 활용을 하는가 하면, 같은 형태의 단어가 정칙과 불규칙 활용을 모두 하기도 하니 문장 공부하는 아이들 속깨나 썩일 놈인 것입니다.

예를 들면 이렇습니다. 형용사 '덥다'에 어미 '-ㅓ'가 붙으면 '덥어'가 아

니라 '더워'가 되고 동사 '돕다'에 어미 '-나'가 붙으면 '돕아'가 아니라 '도와'
가 됩니다. 그런데 경상도에선 '더워'라고 말하는 사람을 거의 보기 어렵
지요. 대부분 날씨가 억수로 '덥어'라고 말합니다. 정칙 활용을 한다는 얘
기입니다. 이런 게 또 있습니다. 형용사 '좁다' 역시 '조와'가 아니라 '좁아'
로 정칙 활용을 하고 동사 '잡다'도 '자와'가 아니고 '잡아'로 씁니다.

그런데 '곱다'라는 형용사는 예쁘고 아름다움을 말할 때에는 '고와'라
고 변칙 활용하지만, 손발이 차가워서 잘 움직이지 않을 때에는 그냥 '곱
아'라고 말합니다. 같은 예로서 동사 '굽다'의 경우 불에 구울 때에는 '구
워'로 변칙 활용하지만, 길이 한쪽으로 휜 상태를 말할 때에는 그냥 형용
사 '굽어'로 씁니다.

이 같은 현상은 순전히 우리의 오랜 언어습관에 따라 갈라져 나타난
것이기 때문에 그 원인을 밝히려는 노력은 문법적으로도 별로 의미가 없
습니다. 하나 짚고 넘어가고 싶은 것은, '고맙다'라는 형용사인데 변칙 활
용하면 '고마워'가 되지만 이는 아무 상대에게나 쓸 수 없는 말입니다. 손
윗사람이 손아래사람에게 고마운 마음을 표현할 때 쓰는 우리말의 존대
어 관습이기 때문입니다. 그러니 젊은 여인이 나이 지긋한 분에게 함부
로 '고마워요' 하는 건 어법에 어긋날뿐더러 그리 살가워 보이지도 않습니
다. 꼭 내가 그런 일을 숱하게 겪고 불쾌한 기분에서 하는 얘기만은 아닙
니다. 존대법이 잘 발달한 것은 영어권 등 다른 나라 말이 도저히 흉내
내지 못하는 우리말 고유의 영역인 것입니다.

막내를 위한
발라드

살면서 가끔 이런 생각을 해 본 적이 있습니다. 내가 막내로 태어났다면 지금의 운명은 어떻게 변했을까. 위로 형이 아기 때에 죽는 바람에 원치 않는 장남 노릇하며 지금은 모두 돌아가신 양친을 모시고 살다 보니 이따금 막내가 부러운 적도 있었음을 고백합니다. 부모님의 출산 계획상으로는 내가 막내였음을 알고 있기에 그저 하늘이 정한 뜻이려니 하고 받아들이기에는 조금 서운한 점도 있던 게 사실이지요.

물론 가부장적 분위기가 유지되던 집안의 장남으로서 혜택이 아주 없었을 리는 없지요. 그래도 장남에게 시집 온 아내의 고충을 일일이 헤아리자면 이래저래 미안함이 앞서곤 합니다. 더욱이 부친이 사업 실패로 빚만 잔뜩 남기고 돌아가신 대목에서는 장남이고 뭐고 그저 숨이 탁 막히고 맙니다. 그래서인지 세상의 막내들을 보면 내가 해 보지 못한 어떤 것을 누리는 듯한 인상을 자주 받습니다. 하지만 막내라고 해서 자식이 아닌 것도 아니고, 그들은 그들대로 말 못할 설움과 말 못할 눈물을 종종 흘린다는 것도 잘 압니다.

가정에서든 어떤 모임에서든 막내라는 위치가 그리 녹록치 않음은 나역시 심부름의 아이콘 '막내야'를 무수히 외쳐 봤기에 충분히 짐작할 수 있으니까요. 그래서 더 막내에게 애정이 가는지 모르겠습니다.

사실 우리말의 막내 'ㅣ(이)' 역시 참 충실한 심부름꾼이라고 할 수 있습니다. 저 혼자 먼저 나서는 법 없이 묵묵히 자음 형님과 모음 언니가 시키는 명사화접미사나 사동접미사가 되고, 관형사 또는 의존명사가 되기도 합니다. 심지어 하게체의 평서형 종결어미(일을 끝내니 좋으이)나 고유명사 뒤에서 단순히 어조를 고르는 데에(명숙이, 숙경이, 채순이) 쓰이고 불규칙동사의 활용형(일다–이는)으로까지 헌신하며 할 일을 다 하니 어찌 막내를 사랑하지 않을 수 있겠습니까. 다만 지나치게 열심히 일하다 보니 요즘 젊은 학생들을 위해 '셤(시험)'이니, '좋아여(좋아요)', '괜차나여(괜찮아요)', '마니(많이)' 따위의 말에까지 출장 봉사하며 혹사당하는 건 참 안타깝기 짝이 없습니다.

뭐니 뭐니 해도 우리 막내의 심부름이 가장 눈부시게 돋보이는 건 '–이다' 형태로 나타나는 서술격조사의 어간이 될 때지요. 굳이 예를 들지 않아도 우리말 문장의 끝에 받침 있는 서술어 낱말 뒤에는 '나는 학생이다' 하는 형태로 어김없이 '–이–'가 들어갑니다. 물론 모음이나 받침이 없는 낱말 뒤에서는 '나는 막내다' 하는 식으로 생략하기도 합니다. 한마디로 '–이거니와', '–이라서', '–이라는', '–이고', '–일는지', '–인가'처럼 '–이'가들어가는 서술격조사는 전부 마찬가지입니다.

한편으로 귀여움을 독차지하고 싶어서인지 관형사로 나설 때에 '이'는

'이 책', '이 사람', '이것', '이때'처럼 우리말에서 모두 가까운 대상을 가리킵니다. 거기서 그치지 않고 역시 욕심 많은 막내답게 관형사 '이'는 사람을 가리키는 의존명사 '이'와 합심해서 대명사 '이이'를 만들더니 급기야 용언의 관형형과도 친하게 지내며 '젊은이', '늙은이', '어린이', 지은이' 같은 명사가 되어 버젓이 하나의 낱말로 행세하기도 하지요.

막내가 하는 심부름이 워낙 많다 보니 일일이 다 소개할 수는 없지만 접미사로 봉사하는 것만은 빼놓을 수 없습니다. 접미사가 될 때 '－이'는 일부 용언의 어근 뒤에 달라붙어 '강도를 죽이다', '풀을 먹이다', '하늘을 속이다'에서 보이듯이 그 말을 모조리 사동사뿐 아니라 타동사로 만들어 버립니다. 이때에 '－이'는 접미사이면서 보조어간이나 선어말어미로 봐도 틀린 것은 아닙니다. 그런데 여기서 놓치지 말아야 할 것이 있습니다. 우리의 변덕쟁이 막내 녀석은 타동사의 어근에 붙을 때에 그 동사를 사동으로 만들지만 피동으로 만드는 데에도 쓰인다는 점입니다.

[나는 막내에게 군밤을 먹이다.]←사동
[그 녀석이 앞집 순이한테 차이다.]←피동

끝으로 우리 막내를 소리로 낼 때에 묘한 현상이 생겨날 수 있습니다. 바로 '움라우트'라고 부르는 현상인데 어렵게 생각할 필요는 없습니다. 자기도 모르게 우리가 흔히 쓰고 있기 때문이죠. 예컨대, '넌 어째 그렇게 밥을 냄기냐(남기냐)'야 저 여자 정말 몸매가 쥑이네(죽이네)' 하는 것들입니다. 앞 음절에 있는 뒷 모음 계열 소리가 뒤 음절의 'ㅣ'를 닮아가면서 그 앞 모음 계열의 소리를 바꾸는 현상을 말하는데 대부분 표준어로는 인정하지 않습니다.

움라우트 현상과는 별도로 역시 표준어로는 인정하지 않지만 우리가 자주 틀리게 쓰는 '전설모음화' 현상도 막내가 끼어들면서 벌어지는 현상이지요. 이를 테면, '까실까실'(×), 으시대던(×), 부시시(×)처럼 자기도 모르게 자주 틀리게 쓰는 현상입니다.

전설모음화란 'ㅅ, ㅆ, ㅈ, ㅉ, ㅊ' 등의 자음 뒤에 오는 'ㅡ'나 'ㅜ'가 'ㅣ'로 변하는 현상을 말합니다. 왜 이런 현상이 벌어지냐 하면 'ㅅ, ㅆ, ㅈ, ㅉ, ㅊ' 같이 혀끝이 앞에 놓여 발음되는 전설 자음 뒤에 후설모음인 'ㅡ, ㅜ'가 오면 혀의 위치가 앞에서 뒤로 옮겨져 발음돼서 소리 내기가 불편하기 때문입니다. 그래서 뒤의 후설모음이 앞 자음의 조음 위치에 동화되어 전설모음으로 바뀌는 것이지요. 언어습관 때문에 그런 거니 일상에서 굳이 고칠 필요는 없습니다. 다만 문장에 쓸 때에는 바르게 써야겠지요.

사월의 첫 아침을 열며, 막내를 떠올리면서 슬픈 발라드 대신 내 마음을 담은 위로의 발라드를 한 곡 선사했습니다. 만우절이지만 제자리에서 본분을 지키며 수고하는 세상의 모든 막내 여러분 고맙습니다.

패셔니스타
수의 변신

포병 출신인 나는 전역한 뒤에도 꽤나 오랫동안 수를 헤아릴 때에 이른바 '포병 숫자'대로 세는 습관을 고치지 못했습니다. 이를 테면 '374 9857'이란 전화번호가 있다면 자기도 모르게 '삼칠넷에 아홉팔오칠' 이런 식으로 읽은 것이지요. 포병에서는 화포에 정확한 제원을 장입하여 명중시키는 게 생명이기 때문에 유무선, 그리고 육성으로 숫자를 전달할 때에 발음상의 불명확함으로 생기는 오류를 미리 없애기 위해 모든 수를 오로지 '포병 숫자'로만 말해야 합니다. '포병 숫자'란 고유어와 한자어를 섞어 '하나, 둘, 삼, 넷, 오, 여섯, 칠, 팔, 아홉, 공'으로 부르는 것을 말하지요.

'포병 숫자'의 경우에야 특별한 상황에서 예외적으로 그렇게 쓰는 것이니 누가 뭐랄 사람은 없습니다. 그런데 요즘 일상에서는 물론이고 바른 말 쓰기에 더욱 신경 써야 할 방송을 보면 할 말을 잊게 할 만큼 수사를 나타날 때에 제대로 가려 쓰는 사람을 보기 힘들 정도입니다. 가령, 휴일인 어제만 해도 여러 프로그램에서 '여러분 앞에 카드 오십네 장(쉰녁 장) 이 놓여 있습니다', '유격수가 같은 실책을 세네(서너) 번 반복하는 것은 보기 좋지 않습니다' '적어도 피자 세네(서너) 판은 먹어 줘야 합니다', '공연을 너댓(네댓) 번 한 다음에야 알아차렸지요', '너댓(네댓) 번 개 주인을 찾아간 찜질방 사장 김씨는···' 이런 식으로 잘못 표현된 말들이 쏟아져 나왔습니다.

그만큼 우리말에서 수를 나타내는 말을 제대로 가려 쓰기란 녹록한 일이 아님을 알 수 있습니다. 늘 자주 쓰는 것이라 쉬워 보이면서도 한편으로 우리말에서 '수사'는 그 어떤 품사에 뒤지지 않는 까다로움을 지니고 있답니다. 말 그대로 '수사'는 사물의 수량이나 순서를 나타내는 낱말입니다. 통사적 기능의 측면에서는 함께 체언의 자리를 지키는 명사와 닮았으면서도 사물의 실질적인 개념을 나타내지는 못하지요. 또 어떤 명사의 수량을 나타낸다는 점에서는 대명사와 닮기도 했습니다. 그래서인지 여러 품사 가운데 독립된 품사로서 독자성이 매우 약함을 알 수 있어요. 그렇다고 해서 수사를 무시해서는 안 됩니다. 돈 셀 때 말고도 수사는 엄청나게 쓰일 곳이 많고 그런 만큼 개성도 강하답니다. 예컨대, 저홀로 주어가 될 수 있고, 조사를 덧붙여 격을 표시할 수도 있습니다. 더욱이 명사와 대명사와 달리 복수 접미사 '-들, -네, -희' 등에 의해 복수가 될 수 없지요. 또 자신을 드러내는 개성이 강한 만큼 오로지 반복 합성어를 통해서만 복수를 나타내는 게 가능하답니다. 특히, 아주 특별한 경우를 빼놓고는 관형사와 형용사의 수식을 받을 수 없습니다.

어쭈, 이놈 봐라, 좀 긴장되지요? 긴장을 풀기 위해 수사에 대해 좀 더 친절하게 패셔니스타로서의 정체를 밝혀 드리겠습니다. 먼저 우리말에서 수사는 수량을 나타내는 양수사(기본수사)와 순서를 나타내는 서수사로 나뉩니다. 또 어휘적 측면에서 고유어계 수사와 한자어계 수사로 나뉘는데 고유어 계열로는 '아흔아홉'까지만 있으며, 잘 아시다시피 '백' 이상의 단위는 한자어로 되어 있지요. 물론 백도 옛날에는 '온'이라는 고유어로 불린 시절이 있고, '천'을 뜻하는 '즈믄'이 전해지기도 합니다.

고유어의 한 자릿수는 '하나, 둘, 셋, 넷, 다섯, 여섯, 일곱, 여덟, 아홉'이고 두 자리의 기본수는 '열, 스물, 서른. 마흔, 쉰, 예순, 일흔, 여든, 아흔'입니다. 이렇게만 놓고 보면 늘 쓰는 것인데 수사를 표현하는 게 뭐 어려울 일 있겠냐고 항변할 사람도 있을 것입니다. 앞서도 얘기했지만 친숙하다고 해서 무시해서는 안 되면 그럴수록 더 잘 가려서 써야 합니다. 왜냐하면 우리말 고유어 수사는 패셔니스타답게 여러 변이 형태를 지니고 있기 때문이지요.

하나하나 살펴보도록 하겠습니다. 위에 열거한 수사 낱말이 관형사로 쓰일 때에는 하나→한, 둘→두, 셋→세, 넷→네의 형태로 바뀝니다. 그래서 짜장면 시킬 때에 하나 그릇, 둘 그릇, 셋 그릇이 아니라 한 그릇, 두 그릇, 세 그릇이 되는 것이죠. 그렇게만 변하면 별 문제 없는데 '세'와 '네' 같은 패셔니스타들은 일부 의존명사 앞에서 '서'와 '너', 그리고 '석'과 '넉' 이런 식으로 바뀌지요. 금 '서 돈', 밀가루 '서 말', 콩 '너 푼', 쌀 '넉 섬' 이런식으로 말입니다. 스물 같은 경우에도 관형사로 쓰일 때에는 아파트 스물 채가 아니라 '스무 채' 써야 하지요.

이에 뒤질세라 '다섯'이나 '여섯'도 패셔니스타로 손색이 없습니다. 보통

'다섯'이나 '여섯'이 관형사로 쓰일 때에는 개 다섯 마리, 고양이 여섯 마리처럼 그대로 쓰이지만 느닷없이 단위를 나타내는 몇몇 의존명사를 만나면 금 닷 냥, 밀가루 엿 말 등처럼 바뀌니 유의해야 합니다. 특히 다섯의 경우에는 이놈이 수사로 쓰인 것인지 관형사로 쓰인 것이지 불분명할 때에 보통 우리는 '댓'으로 쓰기도 합니다. '내일 저녁 만찬에 회사 직원 댓 명이 올 테니 준비해 놔' 하는 식으로 말이지요. 그런데 이런 경우도 있습니다. 둘보다 많고 넷보다 적을 경우에 흔히 '두엇'이라고 하는데 '두엇' 은 오직 수사로 쓰인 것을 타나내고, 관형사로 쓸 때에는 '두어'라고 써야 맞습니다.

[쓸 만한 친구를 두엇만 불러다오.] (수사)
[맛있는 오징어 두어 마리를 구워 봐라.] (관형사)

이쯤에서 되새기는 의미로 통사적인 관점의 수사를 좀 더 정리해 보겠습니다. 수를 나타내는 낱말이 조사를 취하면 수사이고, 조사를 취하지 않고 다음에 오는 명사를 수식하면 관형사가 됩니다.

[순이는 담배 하나를 꺼내 물었다.] (수사)
[피자 세 판 중 하나만 먹어라.] (수사)
[남북문제는 국민 몇몇의 문제가 아니다.] (수사)

[그녀는 한 달 수입을 모두 쇼핑에 쏟아 부었다.] (관형사)

[노래방에서 한 세 시간쯤 노래 불렀다.] (관형사)

[가출 소녀 몇 명이 집으로 돌아 왔다.] (관형사)

또, 조사가 붙지 않아도 문장의 주 기능을 하면 수사입니다.

[휴지 하나 없이 똥 싸러 가니?] (수사)

다음으로 차례를 나타 낼 때입니다. 이때에는 문장 가운데 놓인 위치에 따라 품사가 바뀌니 유의해야 합니다. 먼저 차례를 나타내는 말이 사람을 가리키면 명사가 되고, 순서를 가리키면 수사, 그리고 명사를 수식하면 관형사가 됩니다.

[박 목사 네는 첫째가 이미 대학을 졸업했대.] (명사)

[첫째, 수사의 기본에 대해 잘 알아야 한다.]

[둘째, 변이 형태에 대해서도 잘 알아야 한다.] (수사)

[미혼녀들이 첫째보다(수사) 둘째 아들을 더 선호한다.] (관형사)

끝으로, 하루, 이틀, 사흘, 나흘 등은 수를 나타내지만 날짜와 시간의 이름이므로 명사입니다.

[지옥 같은 곳에서 하루를 보냈다.] (명사)

[사흘 동안 잠을 자지 못했다.] (명사)

쓰다 보니 길어져서 고유어 계열의 수사에 관해 주로 얘기를 끄집어 냈네요. 다음에 기회가 되면 한자어 수사에 대해서도 얘기 나누도록 하겠습니다.

명사형
전성어미와
명사화접미사

봄, 꿈, 춤, 함, 잠…

우리말글살이에 자주 등장하는 이 간단한 한음절 낱말들도 정체가 아리송할 때가 제법 있습니다. 우선 이들 단어는 한 음절이고 미음(ㅁ)을 받침으로 하고 있다는 공통점 외에 동사 '보다', '자다', '꾸다', '추다', '하다'가 변하여 문장 속에서 명사 행세를 하는 것들임을 알 수 있습니다.

미음(ㅁ)을 공통적인 받침으로 한다는 얘기는, 다시 말하면 ㅁ이 이들 용언을 명사형으로 만든 전성어미로 쓰였다는 것이지요. 문법적으로 제1 명사형 전성어미로 불리는 이놈은 어찌나 위력적인지 우리말의 용언 즉, 거의 모든 동사 형용사에 붙어 명사형으로 만들 수 있습니다. 그런데 유의해야 할 것은 '명사형'이라는 말은 명사처럼 보이게 해서 용언에 체언의 자격과 성분을 준다는 것이지 완전히 품사가 바뀐 것은 아니라는 점입니다. 그냥 그렇게 이해하면 그만인데 뭐가 문제일까? 자, 위의 단어들이 들어간 다음 문장들을 보겠습니다.

[잠을 제대로 잠은 컨디션 유지에 무척 필요한 일이다.]

[귀신 꿈을 종종 꿈은 기분 좋은 일이 아니다.]

[레이브 파티에서 테크노 춤을 못 춤은 정말 창피한 일이다.]

형태는 모두 '잠, 꿈, 춤'으로 같지만 앞의 '잠, 꿈, 춤'에 붙은 ㅁ은 '명사화접미사'이고, 뒤에 붙은 ㅁ은 전성어미로 쓰인 '명사형 어미'인 것입니다. 따라서 앞의 '잠, 꿈, 춤'은 이미 품사가 아예 명사로 변하여 목적격 조사를 취하고 있지만 뒤에 것들은 그렇지 않습니다.

그런데 눈여겨보면 뒤의 '잠, 꿈, 춤' 앞에는 '제대로', '종종' '못'이라는 부사어가 들어가 있음을 알 수 있습니다. 그래서 학교 문법에서는 어간 뒤에 '-(으)ㅁ'이 붙은 용언이 '부사어'의 수식을 받을 수 있는 경우, '-(으)ㅁ'은 '명사형 전성어미'가 된다고 가르치기도 합니다. '명사형 전성어미'는 어미이기 때문에 용언만 만나면 거의 제한 없이 활용되지만, '명사화접미사'는 파생어이기 때문에 실제 말글살이에서는 제한적으로 만들어질 수밖에 없습니다. 그러나 '명사형 전성어미'라고 해서 무제한적으로 활용되는 것은 아니고 문장에서 주절의 동사가 기대나 바람 등을 나타낼 때에는 사용되지 못합니다.

예컨대, '나는 그 녀석이 죽음을 바라'라든가, '그들은 전두환이 죽음을 바랐다'라는 문장은 비문에 가깝게 변합니다. 그런 경우에는 제2명사형인 '-기'를 사용해 '나는 네가 열심히 살기를 바라'라든지, '그들은 전두환이 죽기를 바랐다'라고 써야 자연스러운 것이지요. 굳이 -ㅁ의 형태를 유지하고 싶다면, 다음 같이 복문이었던 위 문장을 단문으로 바꾸면 간단합니다. '나는 그 녀석의 죽음을 바라', '그들은 전두환의 죽음을 바랐다'처럼 주어와 서술어 관계를 수식어와 피수식어 관계로 돌려 놓으면 됩니다.

'것'과 친해지기

논술 같은 자기주장이나 가치 판단을 명확하게 드러내야 하는 글에서 '것'을 잘 활용하는 것은 글의 흐름이 좌지우지될 만큼 중요합니다. 나 역시 첫 문장에서부터 이렇게 써 먹고 보니 왠지 모르게 든든한 느낌이 듭니다. 그만큼 문장을 써 내려 갈 때에 익숙한 탓이겠지요.

그런데 익숙하다고 해서 여느 의존명사들처럼 무턱대고 쓰임새를 외우려고 한다면 금방 머리가 아파질 수 있습니다. '것'은 실로 의존명사의 지존답게 거의 만능에 가까운 기능으로 문장을 누비고 다니기 때문입니다. 일단 '것'이란 놈이 하는 짓의 큰 줄기부터 따라가 보겠습니다. '것'은 저 홀로 쓰이지 못하고 늘 관형사나 지금 내가 쓰는 것처럼 용언의 관형형 뒤에 따라 다닌다는 사실을 먼저 새겨 두어야 합니다.

그런 큰 틀 아래 '것'은 문장 속에 이미 나온 말의 자리를 대신 차지하기도 하고, 문장 밖의 사물, 사람, 사건, 정황 따위의 모든 것을 가리킬 수 있습니다. 이제 예문을 통해 구체적으로 '것'이 문장 속에서 하는 짓을 따져 보겠습니다.

㉠ [내가 논술을 잘하는 것은 어머니가 고액 과외를 많이 시켜서이다.]

　　(앞서 말한 바를 가리키는 사실)

㉡ [우리 어머니가 세상에서 제일 좋아하는 것은 돈이다.]

　　(앞서 말한 바를 가리키는 사불)

㉢ [어머니가 부동산 투기를 하는 것은 돈 때문이다.]

　　(앞서 말한 바를 가리키는 현상)

㉣ [어머니가 나보다 돈을 더 귀하게 여기는 사실은 내게 많은 것을 생각하게 한다.]

　　(구체적이지 않은 현상)

㉤ [돈도 없는 것들이 잘난 척하기는]

　　(사람을 얕잡아 이르는 녀석, 새끼, 연놈)

㉥ [논술 과외비가 백만 원이 넘는 것을 보고 열받은 게 사실이다.]

　　(동사 '보다, 발견하다, 목격하다' 등의 목적어가 되는 명사절을 만들어 현상을 가리킴)

㉦ [지금 같은 교육 체제에선 논술 역시 집안에 돈이 많은 아이들이 잘할 수 있다는 것을 느낀다.]

　　(주로 '-다는 것'의 꼴로 '느끼다, 듣다, 말하다, 알다, 생각하다' 등의 지각을 나타내는 동사의 목적어가 되는 명사절을 만드는 데에 쓰여 사실을 가리킴)

㉧ [통합교과형 논술에서 좋은 점수를 얻는 확실한 방법은 고액 과외를 하거나 돈이 들더라도 쪽집게 논술 학원에 다니는 것이다.]

(주로 '-는 것'의 꼴로 명사절 명사구를 만드는 데에 쓰여 방법을 가리킴)

ⓩ [논술이 장난이 아니구나 생각했던 것은 지난 겨울방학을 하고 나
서 학원에 다닐 무렵이었다.]

(주로 '-은 것은'의 꼴로 때를 나타내는 말 앞에 쓰이어 시간이나 때를 가리킴)

ⓩ [논술은 누가 대신해 주는 게(것이) 아니다. 그런데 다른 과목에 치
중하다 보니 준비를 소홀히 한 것에 대한 불안감이 든다.]

(명사구, 또는 명사절을 만드는 데에 쓰여 '짓, 일, 상태'를 가리킴)

ⓣ [논술의 중요성을 깨달았기 때문에 그들에겐 고액 과외가 필요한
것이다. 고액 과외의 나쁜 점은 돈 없는 집 아이들에게 상대적인
박탈감을 준다는 것이다.]

(주로 '-는/ㄴ 것이다' 꼴로 쓰이어 '사실, 인용, 확신' 등을 나타냄)

ⓣ [동요하지 말고 평소에 꾸준히 책 읽기와 쓰기 연습을 해줄 것을
당부한다.]

(주로 '-ㄹ 것'의 꼴로 쓰여 앞으로 할일, 있을 일, 또는 말하는 이의 의지를
담은 내용의 명사구를 이루어 생각이나 작정을 나타냄)

ⓟ [어머니가 돈보다는 자식을 더 사랑했으면 좋았을 것을.]

(주로 '-ㄹ 것을'의 꼴로 쓰여 지나간 사실에 대한 아쉬움을 나타내는 '일, 짓,
사실을 가리킴)

그 밖에도, 앞에서 말한 사실이 당연한 것임을 뒤에서 설명하여 말할
때에는 '그도 그럴 것'이라고 쓰이고, 앞에서 말한 내용에 대해 의심이나
놀라움을 강조할 때에는 '-(ㄴ)_ㄴ, 던 것이 아닌가'의 꼴로 쓰이며, '-(ㄴ)

ㄴ/ 던 것이'의 꼴로 당연한 사실을 말한 뒤에 그 것을 그 다음 말의 근거로 삼는 데에 쓰이기도 합니다.

예 [그도 그럴 것이 어머니가 그렇게 극성이었는데 네가 견뎌낼 재간이 있었겠냐.]
[정말 어머니는 돈에 환장했던 게(것이) 아닌가.]
[그나마 고액 과외라도 했던 게(것이) 합격하는 데에 도움이 되었다.]

위에 제시된 예문들을 자세히 보면 공통적으로 문장 속에서 '것'의 의미가 추상적인지, 구체적인지 하는 것은 주절의 서술어에 따라 달라지는 것을 짐작할 수 있습니다. 그런데 다음과 같은 경우에는 '것' 속에 구체성과 추상성이 함께 담기니 유심히 살펴보아야 합니다.

예 [그 녀석이 논술 공부하는 것이 이상하다.]

위 예문은 그 녀석이 공부하는 모습이 이상한 것일 수도 있고, 공부하는 사실 자체가 이상한 것으로 해석될 수 있습니다. 그럴 때에는 '-한다는 것'으로 꼴로 문장을 바꾸어 보면 뜻이 분명해집니다.

'은'의 고백

미안하다. 고백하자면 나와 이란성쌍둥이인 '는'은 주격조사가 아니야. 차라리 그렇게 인정하는 편이 너희의 정신건강을 위해서도 나을 거야. 너희가 일찍이 학교라는 곳에서 배운 대로 나는 이, 가, 께서, 에서 등과 함께 주어의 자리를 차지하면서 문장을 장악하기도 하지만 맘만 먹으면 언제든 목적어나 보어의 자리에서 얼굴을 들이밀 수도 있고, 수틀리면 무늬만 '은'의 모습을 한 채 '젊은 오빠', '낡은 시계'에서처럼 동사나 형용사를 관형사형으로 보이게도 만든단다.(물론 그럴 때의 나는 관형사형 어미 'ㄴ' 앞에 붙은 매개모음이 변한 것이긴 하지만) 그런 나의 정체를 고지식하게 주격조사로만 알고 있으면 우리말 문장의 오묘한 조화를 제대로 파악하기 힘들 수도 있겠지? 뭔 소린지 감이 잘 잡히지 않으면 일단 내 활약상을 보여줄게.

['은/는'은 보조사다.] (주어)

[우리가 생각하는 격조사가 너는 아니다.] (보어)

[너희가 격조사는 알고 보조사는 모른다니 섭섭하구나.] (목적어)

위이 예문에서 알 수 있듯이 나는 문장 성분의 격을 결정한다기보다 위치를 바꿔가며 화자가 청자의 주의를 환기시키거나 문장의 나머지 부분이 어떤 것이라는 주제를 나타내고 있어. 다시 말하면 여러 성분의 뒤를 따라 다니며 그 성분을 다른 대상이나 개념과 대조시키며 이야기의 주제를 삼는 기능을 하는 거지. 좀 더 명확하게 내 실체를 보여주면 쉽게 이해가 될 거야. 왜냐하면 이런 현상은 술어 중심인 너희의 오랜 언어 습관에 엄청나게 녹아들어 있는 것이거든. 잘 봐.

['은'이 보조사이다.] (이런 것을 보조사라고 한다라는 뜻.)

['은'은 보조사이다.] (이것은 다른 것이 아니라 보조사라는 뜻.)—차이

[너희가 착하다.] (다른 사람이 아닌 바로 너희가 착하다는 뜻.)

[너희는 착하다.] (너희는 다른 게 아니라 착한 사람이라는 뜻.)—비교

[보조사를 모른다.]

[보조사는 모른다.] (다른 것은 아는데 보조사는 잘 모른다는 뜻.)—대조

[너희와 놀지 않겠다.]

[너희와는 놀지 않겠다.] (다른 사람과는 놀겠지만 노는 상대가 너희라면 놀지 않는다.)—한정

[격조사를 알겠다.]

[격조사는 알겠다.] (다른 것은 모르더라도 격조사만큼은 알겠다.)—한정

왜 이런 유동적인 현상이 빚어지냐 하면 너희가 쓰는 말은 술어가 중심이기 때문에 갖가지 첨가어의 도움을 받아 그 문장의 방향이 결정되기 때문이야. 그래서 주어가 자주 생략되다 보니 그것을 대신해서 불완전한 문장의 중심이 되는 낱말에 내가 붙어서 적절한 위치를 찾아 긴장을 유지시키는 역할을 하는 거지. '우리말은 끝까지 들어봐야 안다'는 속담이 그런 데에서 연유한 거라고 볼 수도 있어.

위에서도 잠깐 예를 들었는데, 누군가가 너한테 '공부는 잘 하는구나'라고 했다면 그건 칭찬처럼 들리지만 사실은 칭찬이 아닐 수도 있거든. 공부 빼놓고는 모두 못한다 질책의 소리일 수도 있고. 마찬가지로 공주병 걸린 너에게 '얼굴은 예쁘군' 했다면 너는 머리는 나쁘거나 마음씨가 개판일 수도 있다는 얘기가 되거든.

너희들이 쓰는 문장 가운데 주어 서술어가 틀린 비문들을 보면 대개 무의식중에 주어가 생략된 것임을 인식하지 못한 채 나를 주어로 착각해서 쓰기 때문에 그런 일이 생겨남을 알 수 있지. 그러니까 글을 쓸 때에 나를 아예 보조사로만 생각해서 무생물 뒤에 붙이더라도 숨겨진 주어에 서술이 맞도록 쓰거나, 힘들면 그냥 그 말의 주체가 되는 주어를 문장 속에 끄집어내서 쓰도록 해봐. 그럼 비문이 많이 줄어들 거야. 정확한 문장을 쓰는 게 쉬운 일은 아니지만 너희가 영어를 잘하려고 기울이는 노력의 십분의 일만 투자해도 그 정도는 그리 어려운 일이 아닐 거야.

'자기'는
몇 인칭일까?

우리말 품사의 대명사 가운데 사람을 가리키는 것을 일컬어 '인칭대명사'라고 합니다. 인칭대명사는 말하는 사람이 놓인 상황에 따라 가리키는 관계의 표현이 달라지기 때문에 실제 말하는 상황 아래서만 이해가 가능합니다. 우리가 흔히 '일인칭'이라고 하는 것은 말하는 사람 자신(나, 저, 우리)을 가리키는 것이고, 말하는 사람을 축으로 그 상대편에 있는 듣는 사람을 가리킬 때에 '이인칭'(너, 자네, 그대, 당신, 너희)이라고 하지요. '삼인칭'은 그 말하는 사람과 듣는 사람이 이루는 축을 중심으로 제삼자(그, 그녀, 이이, 그이, 저이, 이분, 저분, 그분)를 가리킵니다. 또 가리키는 내용이 정하여지지 않은 불확실한 경우에는 '부정칭'(아무, 누구)을 쓰지요. 가리키는 대상을 아예 모르는 경우 '미지칭'(누구)으로 부르기도 합니다.

그럼 실생활에서 무척 자주 등장하고, 연인이나 젊은 부부가 '여보', '당신' 대신 즐겨 쓰는 '자기'라는 대명사는 과연 몇 인칭일까요? 표준국어대사전에는 '앞에서 이미 말하였거나 나온 바 있는 사람을 도로 가리키는 삼인칭 대명사'라고 풀이 되어 있지만 자세히 들여다보면 그리 간단한 문제가 아닙니다. 왜냐하면 인칭대명사라는 것이 말처럼 명사를 대신하는 기능보다 현장에 존재하는 대상을 가리키는 '상황 지시'의 기능을 더 본질로 삼기 때문입니다. 이해를 돕기 위해 문장의 예를 들어보겠습니다.

[이제부터라도 나 역시 정신 차리고 자기일이나 똑바로 해야겠다.] (일인칭)←자기가 나를 가리킴

[너도 이제 자기 처지를 생각하면서 일 해.] (이인칭)←자기가 너를 가리킴

[검찰은 이번 사건에서도 또 다시 자기 식구 감싸기에 나섰다.] (삼인칭)←자기가 검찰을 가리킴

[큰 소리만 치지 말고 누구든지 지금이라도 먼저 나와 자기 생각을 밝혀라.] (부정칭)←자기가 '누구'에 해당되는 사람을 가리킴.

이처럼 현재의 상황 속에서 가리키는 대상이 어떤 위치에 있느냐에 따라 똑같은 '자기'라도 얼마든지 인칭이 바뀌고 맙니다. 요컨대, 말하는 이, 듣는 이, 시간, 장소 따위로 구성되는 맥락과 관련하여 문장의 의미를 새겨야 자기가 몇 인칭인지 알 수 있습니다. 결국 '자기'라는 인칭대명사가 단순히 어떤 명사를 대신하여 문법적인 자리를 차지하는 것이 아님이 명확해지는 것이지요. 이것은 우리말 품사 중에서 대명사가 지닌 문법적 범주의 한계 설정에 어려움을 드러내는 예이기도 합니다. 또한 일반

적으로 대명사는 사람, 사물, 장소, 방향 등을 가리키는 말들을 두루 포함합니다. 그런데 우리말에서는 사람, 사물 등의 영역 말고도 상태나 움직임(형용사나 동사)에 대해 '이', '그', '저'를 붙여 '이렇다', '그렇다', '저렇다', 또는 '이러다', '그러다', '저러다' 등으로 쓰면서 상황 자체를 가리키기도 합니다. 이럴 경우 이미 통사적으로나 의미적으로 형태적으로 가려내는 게 어렵지 않기 때문에 품사의 범주에서 헷갈릴 까닭은 없지만 단순히 교과서적으로 사람, 사물, 장소의 영역에 적용하여 명사를 대신하는 기능으로 대명사의 범주를 정하기 어려운 이유가 되기도 합니다. 어떤 사람, 사물, 장소의 이름이 없거나 모르더라도 얼마든지 예를 든 것처럼 상황 자체를 가리킬 수 있으니까요.

'자신'에 대하여

등장인물 : 최희수(고2), 문정은(고2), 나
때 : 어느 날 논술 공부 시간
장소 : 희수네 집 거실

희수 : (의아한 표정으로) 문장 속에서 가끔 '자신'이라는 낱말을 쓸 때하고, '자기'라는 낱말을 쓸 자리가 헷갈리는데 어떻게 가려내요?

나 : 아, 재귀대명사 말이구나.

희수 : 재귀대명사요? 영어 시간에 배웠는데 끝이 -self로 끝나는 단어들이요.

나 : 그래 맞다. 우리말에도 네가 말한 자기, 자신 이런 낱말을 재귀대명사라고 하지. '희수는 자신을 믿었다', '정은이는 자기를 믿을 수 없었다' 이런 식으로 대개 한 문장의 주어가 되는 앞선 말을 가리키거나 지시가 되돌아오는 것을 말한단다.

그런데 문장 속에서 쓸 때에는 거의 비슷한 것 같아도 조금 쓰임새가 다르거든. 예를 들면, '희수 자신의 책임이었다' '나 자신이 선택할 문제였다', '선생 자신을 책망해야 했다' 이런 문장에서는 희수 자기, 나 자기, 선생 자기 식으로 바꿔 쓸 수 없지 않니? 그 점이 다른단다.

정은 : 어, 선생님 그럼 우리가 흔히 쓰는 자기 자신이라는 말은 어떻게 되지요?

나 : 아, 좋은 질문이다. '자기 자신'은 문법적으로 하나의 굳어진 재귀 대명사로 취급한단다. 그래서 '자기'나, '자신'이 쓰일 자리에 바꿔 쓸 수 있지만 이런 경우에는 좀 주의할 필요가 있단다. 우선 이 문장을 볼래? '희수는 선생님에게 정은이가 자기를 욕했다고 일렀다' 여기서 '자기'는 누굴 가리키지?

희수 : 히히… 저(희수)요.

정은 : 쩝. 저 욕한 적 없는데요. 어쨌든 희수 맞아요.

나 : 하하… 그래 잘 아는구나. 당연히 앞선 절의 주어인 '희수'를 가리키겠지. 그럼 같은 문장 속의 '자기'를 '자기 자신'으로 바꾸면 누굴 가리키게 되지?

희수 : 어, 이상하다. '자기 자신'은 정은이가 돼 버리네요.

정은 : 그렇네…

나 : 그래 너희 말이 맞다. 뜻이 완전히 달라졌지? 저렇게 복문일 경우에는 '자기 자신'은 항상 앞선 절이 아니라 '정은이가 자기 자신을 욕했다'는 같은 절의 주어인 '정은'이를 가리키게 되는 것이지. 그래서 쉬운 단어 하나라도 항상 그 쓰임새와 위치를 정확하게 파악해서 써야 바른 문장이 된단다.

늦은 감이 있지만, 경인년 새해를 맞아 우리말의 여러 숨은 주역을 모시고 인터뷰 자리를 마련하고자 합니다. 그 첫 번째 주인공은 '부사어'입니다. 부사어를 첫 번째 손님으로 모신 까닭은 문장 속에서 다양한 역할에도 불구하고 글을 다루는 많은 사람이 '부사어'를 사용하는 데에 헷갈려 하고 또 자주 틀리게 쓰기 때문입니다. 이번 기회에 부사어를 초대해 그 눈부신 활약상을 다섯 차례에 걸쳐 자세히 살펴보도록 하겠습니다.

〔 문 〕 그동안 어떻게 지냈는가.

〔부사어〕 그다지 잘 지낸 편은 아니다. 잘 알지 않은가. 우리말 문법 체계 속에서 홀대까지는 아니지만 상대적으로 관심이 적었다. 그래서 서운한 점이 한두 가지가 아니다. 특히 글 쓰는 직업을 가진 친구들에게.

〔 문 〕 쌓인 게 많아 보인다. 하지만 한풀이하라고 불러낸 건 아니니

조금만 참기 바란다. 어쨌든 반갑고, 하나하나 속에 담은 얘기를 들려주면 좋겠다. 먼저 품사인 '부사'와는 당신이 어떻게 다른지 설명해 달라.

부사어 '부사'는 잘 알다시피 품사의 한 종류이고 하나의 단어이다. 단어란 그 분포, 직능, 형태, 의미에 따라 갈랐을 때에 일정한 속성을 함께하는 것이다. 그처럼 품사가 단어의 분류란 얘기는 단어보다 더 큰 단위는 부사가 될 수 없음을 말한다. 그래서 하는 짓이 비슷하지만 '부사어'는 단어가 아니라 문장성분의 한 갈래로 본다. 다시 말해 문장 속에서 단순히 기능의 차원에 무게를 두는 것이다. 그것이 헷갈리면 안 된다. 좀 더 부연하겠다.

품사는 단어의 갈래이므로 어떤 문장에 하나의 단어가 나타나든 그것은 항상 일정한 품사에 속한다. 반면에 문장성분은 문장 속에서 해당 요소가 수행하는 기능에 따라 결정되므로 똑같은 언어 요소라 하더라도 그것이 어떤 문장 속에서 무슨 기능을 하느냐에 따라 서로 다른 성분이 될 수 있는 것이다.

일단 다른 품사의 하나인 명사의 예를 들어 보겠다.

'저기 가던 도둑놈을 누가 잡았니?'라는 문장이 있다고 치자. 명사 '도둑놈'은 동사 '잡-'의 목적어이지만 '도둑놈 세상을 없애자'라는 문장에서는 명사 '도둑놈'이 '세상'을 수식하는 관형어가 되는 것이다.

부사와 부사어를 그처럼 품사와 문장성분으로 이해할 때에 둘 사이에 밀접한 상관관계가 있는 것이 사실이다. 하지만 그렇다고 해서 그것들이 늘 일치하는 것은 아니다. 우선 부사만이 부사어가 될 수 있는 것은 아니기 때문이다. 부사가 아닌 것도 부사어가 될 수 있음에 유의해야 한다.

다시 예를 들어 보겠다.

'독재자가 청와대에서 생쇼를 한다'와 '독재자가 음흉하게 웃음을 지었다'라는 문장이 있다고 치자. 여기서 '청와대에서'는 명사와 격조사가 맞물린 부사어이고 '음흉하게'는 용언의 부사형이다. 또 하나 유의할 것이 있다. 단어는 부사지만 그것이 늘 부사어로만 기능하는 것도 아니라는 점이다.

'정부가 4대강 사업으로 끝끝내 혈세를 낭비한다'는 문장에서 부사 '끝끝내'는 동사 '낭비하—'를 수식하는 부사어이다. 하지만 '끝끝내 정부가 낭비하려는 것은 국민의 혈세이다'라는 문장에서 '끝끝내'는 명사 '정부가'를 수식하므로 관형어로 기능하는 것이다. 다른 예를 들면, '대통령은 국민의 소리를 거의 듣지 못한다'라는 문장에서 부사 '거의'는 부사어로 기능하지만 '대통령은 거의 집권 이 년 동안 국민을 실망시켰다'에서 부사 '거의'는 명사구 '집권 이 년 동안'을 수식하므로 관형어로 기능하는 것이다.

지금까지 품사와 문장성분은 별개의 개념이고 서로 다른 층위에 속한다는 것을 설명했다. 그런데 그 두 가지가 완전히 유리된 것은 아니고 서로 유기적으로 관련되어 있는 것도 사실이다. 그렇기 때문에 문장 속에서 어떤 요소와 어떤 요소가 관계를 맺는다고 할 때 그 관계를 문장성분만을 이용해 기술하는 것은 잘못이다.

질문을 하나 해 보겠다. '대통령이 바라는 것은 망가진 국토이다'라는 문장에서 관형어 '망가진'이 수식하는 것은 무엇인가? 언뜻 보면 관형어 '망가진'이 서술어 '국토이다'를 수식한다고 말할 수 있을 것이다. 그런데 정확하게는 관형어 '망가진'이 명사 '국토'를 수식한다고 해야 하는 맞는 것이다. 요컨대 어떤 문장성분이 뒤에 오는 다른 문장성분과 관계를 맺는 것이 아니라 뒤에 오는 어떤 특정 품사와 관계를 맺는다는 얘기다. 이것은 관형어뿐 아니라 모든 문장성분에 대해 마찬가지이다.

예컨대, '음흉하게 웃는 살인범'에서 부사어 '음흉하게'는 관형어 '웃는'을 수식한다고 하지 않고 동사 '웃—'을 수식한다고 해야 더욱 정밀하다. 부사어, 관형어뿐 아니라 주어도 마찬가지이다. 흔히 주어는 서술어와 관련을 맺는다고 말한다. 그런데 그것은 잘못이다. 주어는 용언과 관련을 맺는다고 해야 한다. 이런 경우가 생기기 때문이다.

가령, '김말순이 재산을 낭비한다'에서 주어 '김말순이' 서술어 '낭비한다'와 관련을 맺는다고 하면 '김말순이가 낭비한 재산'에서는 주어 '김말순이'가 관형어 '낭비한'과 관련을 맺는다고 해야 할 텐데 의미상 무척 이상한 모양이 돼 버린다. 그래서 '김말순이 재산을 낭비한다'에서든, '김말순이가 낭비한 재산'에서든 주어 '김말순이가'는 동사 '낭비한—'과 관련을 맺는다고 해야 옳은 것이다.

다시 말하면 지금까지 어렴풋이 우리가 머리에 새겨두었듯이 수식이라는 것은 어떤 품사와 품사 사이의 관계도 아니고, 어떤 문장성분과 문장성분 사이의 관계도 아니다. 어떤 문장성분과 그 뒤에 오는 어떤 품사 사이의 관계라고 보아야 하는 것이다. 말로 표현하면 이렇다. '부사어는 뒤에 오는 용언이나 부사를 수식한다', 또 '관형어는 뒤에 오는 체언을 수식한다' 등으로 표현해야 맞다. 물론 '부사가 뒤에 오는 용언이나 부사를 수식한다'는 식의 설명도 아주 틀린 것은 아니지만 그럴 때에는 '용언이나 부사를 수식하는 요소는 부사어로 기능하는 부사'라고 표현하는 편이 더 정확하다. 부사가 아닌 것도 부사어로서 뒤에 오는 용언이나 부사를 얼마든지 수식할 수 있기 때문이다. 그 얘기는 다음 인터뷰에서 차근차근 설명하겠다. (첫 번째)

〔문〕 첫 번째 인터뷰에서 품사로서 '부사'의 기능과 문장성분으로서 '부사어'의 상관관계와 차이점을 설명했다. 이번에는 부사가 아닌 것이 부사어로 기능하는 것에 대해 설명해 달라.

〔부사어〕 두 번째 인터뷰가 이렇게 빨리 이루어질 줄은 몰랐다. 아마도 외주출판인회 회원들의 성원이 열화 같은 모양이다. 역시 학구적인 카페라 뭔가 다르긴 다르다. 하지만 내 이야기가 그렇게 학구적이거나 어려운 얘기는 아니다. 그냥 일하는 데에 조금 보탬이 될 만한 상식에 가까운 것들이다.

〔문〕 물론 그렇다. 중학교 문법 수준 정도라는 건 이미 파악하고 있다. 적어도 '외출회'에서 글을 다루는 일에 몸담은 회원이라면 이해하는 데에 누구나 어려움이 없을 것이다. 아는 것을 한번 되새겨 봄으로써 일의 퀄리티를 높이는 데에 도움이 됐으면 하는 의도가 담긴 것이다. 그러니 그렇게 많은 분이 뜨겁게 성원하는 것이 아닌가. 갈 길이

멀다. 얼른 이어주길 바란다.

부사어 본디 서두는 건 그리 좋아하지 않지만 회원들이 기다리니 시작하겠다. 먼저 다시 강조하고 싶은 것은 '부사'의 개념과 달리 '부사어'는 관계 개념이라는 점이다. 요컨대 통사적 개념이란 얘기다. 어떤 단어가 부사라면 그것은 문장에서 어떻게 쓰이든 관계없이 항상 부사이다. 하지만 어떤 문장 안에서 어떤 어휘가 부사어로 기능한다고 해서 그 단위가 다른 문장에서도 항상 부사어로 기능하란 법은 없다. 부사어는 어떤 문장 안에서 그것의 수식을 받는 요소와 관계 속에서 개념이 규정되는 것이다.

문 설명이 알 듯 모를 듯하다. 쉽게 설명해 달라.

부사어 바쁜 사람 자꾸 발목 잡지 말고 잘 듣기 바란다. 어차피 예를 들면 알기 쉬울 것이다.

[동계올림픽에서 금메달을 다섯 <u>개나</u> 땄다.]
[아이엠에프 때보다 살기가 몇 <u>배나</u> 좋지 않은 것 같다.]

위의 문장에서 밑 줄 친 부사어는 본디 수량을 뜻하는 의존명사에 조사가 붙어 뒤의 동사들을 수식한다. 그처럼 부사어는 의미론적으로 본디 의미의 성질에 따라 가르는 것이 아니라 수식하는 대상과 맺는 관계에 따라 부사어로써 성격을 지니는 것이다. 체언과 조사가 어울려 부사어가 되는 것은 수량뿐만 아니라 원인과 이유를 나타낼 때에도 예를 찾아볼 수 있다.

[심판의 잘못된 판정으로 금메달을 빼앗겼다.]
[김연아가 관중의 환호에 답한다.]

마찬가지로 어떤 동작, 사건이 일어나는 공간적 위치를 밝히는 장소 부사어에도 주로 체언에 '-에서'와 같은 처소 부사격조사가 붙은 형태로 나타난다.

[김복동은 자기 집에서 먼지만 털고 있다.]
[김연아는 피규어 스케이팅 종목에서 금메달을 딸 것이 유력하다.]

그런데 여기서 자주 논쟁거리가 되는 문제가 있다. 체언에 처소 부사격조사가 붙었다고 해서, 또는 의미상 처소를 나타낸다고 해서 늘 장소 부사어가 되는 것은 아니다. 동사가 의미론적으로 보어(논항)의 속성을 요구하면 부사어로 기능하지 않고 문장 성분상 보어가 되는 것이다. 예를 들어 보겠다.

'그 친구는 개념을 안드로메다에 두었다'라는 문장이 있다고 치자. 여기서 동사 '두-'가 요구하는 논항(수식어)은 '개념'이라는 물질이고 어디에 두었나 하는 것은 위치를 밝히는 요소인 것이다. 그럴 때에 '안드로메다에'는 문장성분상 '두-'를 수식하지 않고 바로 보어 역할을 한다. 헷갈리면 좀 더 확실한 예를 하나 더 들어주겠다.

'언론은 노무현을 죽음으로 내몰았다'라는 문장을 보자.

여기서 '내몰–'은 노무현을 죽음으로 내몬 주체와 노무현, 그리고 노무현에 어떤 결과에 다다랐는지를 요구하는 세 자리 서술어이다. 따라서 '죽음으로'는 부사어가 아니라 '내몰–'의 보어이다. 결과에 다다른 방향을 나타내는 성분은 부사격조사가 붙었다 하더라도 대부분 서술어의 보어(논항)로 기능하는 것이다.

그런데 학교 문법에서는 보어를 인정하지 않고 '죽음으로, 안드로메다에' 등을 필수적 부사어로 본다. '부사어'는 관형어와 함께 문장의 부속 성분이라고 가르치면서 주어, 서술어, 목적어처럼 필수 성분이 된다고 하니 이래저래 아이들이 헷갈릴 수밖에. 그래서 부사어가 기본적으로 용언을 수식하는 성분이므로 헷갈리게 필수적 부사어라고 할 필요 없이 모두 '보어'로 보는 것이 타당하다는 견해도 만만치 않다.

그런데 그럴 때에도 문제는 생긴다. 부사격조사인 '(으)로, 에' 등을 보격조사로 설정해야 하는 어려움이 생겨나는 것이다. 그 조사들은 서술어가 달라지면 역시 본디 역할대로 수의적 성분의 역할은 하는데도 말이다. 왜 벌써부터 머리에 쥐나는 표정인가? 그럼 오늘은 이만하도록 하자.

(두 번째)

문 날로 반응이 뜨거워지는 가운데 벌써 세 번째 인터뷰이다. 더욱 힘내시길 바란다.

부사어 고맙다. 외출회 분들이 이렇게 우리말에 관심이 많은 줄 예전에는 미처 몰랐다. 기회만 닿으면 백 번이라도 인터뷰하고 싶다.

[문] 그렇게는 힘들 것이다. 다른 문장 성분들 질투가 워낙 심해서.

[부사어] 알았다. 닥치고 본방 사수하겠다. 오늘은 부사어의 수식 대상에 관한 얘기이다.

[문] 당연히 부사어가 수식하는 대상은 '동사', '형용사' 등 용언이나 용언적 요소이고, 학교문법에서도 그렇게 배워 오지 않았는가?

[부사어] 물론 그렇다. 그런데 학교문법에서 그냥 지나치는 부분이 있다. 그렇다 보니 아이들이 나중에 헷갈리는 경우도 있다. '반드시' 부사어가 용언이나 용언적 요소, 즉 동사 형용사 따위만을 수식하는 것은 아니기 때문이다. 어떤 부사나 부사어들은 때때로 명사를 수식하기도 한다. 예를 들어 보겠다.

'팬들은 곽민정 선수의 결과를 매우 고무적으로 받아들이고 있다'라는 문장이 있다고 치자. 여기서 정도 부사이자 부사어인 '매우'가 수식하는 것이 무엇인가? 동사인 '받아들이-', '있다'가 아니라 명사인 '고무적'이다. 또한 '고무적'은 단어 자체에 정도성을 지녔기 때문에 문장 속에서 부사격조사 '으로'가 붙어 스스로 부사어의 기능을 하기도 한다. 이때에 '매우'의 문장 성분을 과연 부사어라고 할 수 있을까? 다른 예를 한번 보자.

[고작 백만 원 가지고 무슨 해외여행을 하니?]

[바로 오늘이 우리가 만난 지 백 일째 되는 날이다.]

[은경이는 마포에서 거의 오 년을 살았다.]

밑줄 친 단어들은 우리가 흔히 쓰는 부사이다. 그런데 모두 '백만 원', '오늘', '오 년' 등 명사를 수식하고 있다. 아무리 눈 부릅떠 봐도 동사나 형용사를 수식하진 않는다. 자신의 품사가 모두 부사인데도 체언, 즉 명사를 수식하고 있는 것이다. 명사를 수식하는 단어의 문장 성분을 우리 문법에서는 모두 관형어로 본다. 가령 '은경이는 마포에서 거의 오 년이나 살았다'라는 문장에서 '거의'와 거의 같은 뜻으로 쓰이는 관형사 '근'을 '거의' 대신 써 보면 훨씬 명확해진다.

[은경이는 마포에서 근 오 년이나 살았다.]

이처럼 몸은 부사, 부사어지만 하는 짓은 관형어인 경우에는 문장성분상 그대로 관형어로 보아야 헷갈리지 않는다. 부사라 하더라도 문법적으로 용언을 수식할 때에는 부사어로 기능하고 체언을 수식할 때에는 관형어로 기능한다는 점을 잊어서는 안 된다.

다음번에는 실제 교정 교열을 할 때에 편집자들이 자주 실수를 저지르는 부사격조사에 대해 알아보자. (세 번째)

문 회를 거듭할수록 많은 도움이 된다. 그냥 안다고 여기며 지나칠 수 있는 얘기들을 되새길 수 있어서 좋다. 앞으로 더욱 좋은 얘기 부탁한다.

부사어 빈말이라도 고맙다. 사실 교정 교열을 잘하려면 문법 지식에서부터 맞춤법에 이르기까지 우리말글의 바탕에 대해 제대로 아는 것이 중요하다. 그 부분을 소홀히 하기 때문에 실제 업무에서 늘 헷갈리고 어려움을 겪는 것이다. 어깨 너머 배운 지식이나 이리저리 들은 풍월만으로 되는 일이 아니다. 꾸준히 들여다보고 하나하나 곱새기며 정진하는 자세가 필요하다. 어쨌든 이런 기회가 실무자들에게 애오라지 도움이 된다면 다행이다.

문 이번 회에는 부사격조사에 대해 얘기한다고 했다. 많이 헷갈리는 문장 요소인데 쉽게 설명해 달라.
부사어 알겠다. 부사격조사를 설명하기 전에 일단 '격조사'가 무언지 알아야 한다. 격조사란 말 그대로 '체언이나 체언 구실을 하는 말 뒤에 붙어 앞말이 다른 말에 대하여 갖는 일정한 자격을 나타내는 조사'로 정의되는데 여기서 밑줄 친 부분이 중요하다.

'앞말이 다른 말에 대해 갖는 일정한 자격'이란 바로 문장 속에서 어떤 구실을 하느냐, 즉, 주어 노릇을 하느냐 서술어 노릇을 하느냐, 아니면 목적어 노릇을 하느냐 보어 노릇을 하느냐, 그리고 관형어 노릇을 하느냐 부사어 노릇을 하느냐 등을 말한다. 한마디로 문장 성분이 무엇이

냐를 말하는 것이다. 그래서 주어 노릇을 하면 '주격조사', 부사어 노릇을 하면 '부사격조사' 이렇게 부르는 것이다.

우리말글에서 부사격조사는 다양한 갈래가 있는데 예를 들면 이렇다. 먼저, 처소 부사격조사를 보면 장소를 나타내는 '에, 에서', 시간이나 공간적 위치를 나타내는 '에', 행위가 닿음을 나타내는 '에, 에게, 한테, 께, 더러, 보고', 사물이나 동작의 출발점을 나타내는 '에서, 에게서, 한테서, 로부터' 등이 있다.

또 도구, 기구 등을 나타내는 '(으)로(써)', 함께함을 나타내는 '과(와), 하고', 자격을 타나내는 '(으)로(서)'가 있으며 상태나 성질이 바뀜을 나타내는 '(으)로'가 있다. 그리고 비교를 나타내는 '과(와), 처럼, 만큼, 보다, 하고', 직접 인용을 나타내는 '라고'와 간접 인용을 나타내는 '고'가 있으며, 원인을 나타내는 '에, (으)로'가 있다. 흔히 쓰이며, 잘 아는 것들이니 일일이 예문을 들지는 않겠다. 그렇게 체언에 달라붙어 부사어 노릇을 하게 만드는 부사격조사는 무척 생산적이기도 하다. 그래서 '-으로' 같은 놈은 접미사 '-적'이 붙은 명사를 만나기만 하면 모조리 부사어로 만들어 버린다.

예를 들면 '발전적으로, 신체적으로, 인간적으로, 강압적으로, 도덕적으로… 등 헤아릴 수 없이 많다. 또 다른 형태로 '때문에', '-기 전에', '-과 동시에', '-을 경우에', '김에', '바람에', '나중에'의 경우처럼 특정 단어와 하나의 어휘로 굳어져 부사어 형태로 쓰이는 것도 허다하다. 그리고 체언에 격조사 또는 보조사가 연결되어 수식어로 쓰이던 것이 아예 부사로 어휘화된 경우도 우리말에 많다. '날로, 단적으로, 대대로, 때때로, 실로,

억지로, 절대로, 정말로, 주로, 진실로, 참으로' 등과 '여태, 보매, 불시에, 단숨에, 제물에, 세상에', '실은, 딴은, 요는, 혹은' 등이 그 예이다.

　문제는 다음과 같은 경우이다. 먼저 예문을 보자.

　[내가 군대 생활할 때에는 구타가 만연했다.]
　[내가 군대 생활할 때는 군사 정권 시절이었다.]

　앞의 예문에서 밑줄 친 부분은 내가 군대 생활을 할 때의 특정하지 않은 시공간적 위치에서 구타가 어땠는지 말하는 동사를 수식해야 하기 때문에 '때'라는 명사에 부사격조사 '에'에다 보조사 '는'을 붙인 것이다. 뒤의 문장에서 밑줄 친 부분은 내가 군대 생활할 때가 군사 정권 시절이라는 특정한 어떤 시점(명사)을 수식해야 하기 때문에 '때'라는 체언에 관형사형 전성어미 '는'을 붙인 것이다. 그런데 우리말글에서 조사를 생략할 수 있다는 점을 들어 앞의 문장의 경우에도 무작정 부사격조사 '에'를 생략하는 경우가 너무도 자주 나타난다. 그럴 경우 의미상 명백한 오문이 되는데도 말이다. 이런 경우 역시 마찬가지이다.

　[사기꾼이 그렇게 설치는 데에는 다 이유가 있다.]
　[사기꾼이 그렇게 설치는 데는 강남이다'

　앞의 문장에서 밑줄 친 부분은 '데'라는 의존명사에 사기꾼이 설치는 까닭과 관련한 뭔가가 있다(형용사)를 수식해야 하기 때문에 부사격조사

'에'에다 보조사 '는'을 붙인 것이다. 뒤의 문장에서 밑줄 친 '데'는 사기꾼이 설치는 장소인 강남(명사)을 수식해야 하기 때문에 역시 장소를 나타내는 불완전 명사 '데'에 관형사형 전성어미 '는'을 붙인 것이다. 만약 앞의 문장에서 부사격조사를 생략하고 '사기꾼이 설치는 데는 이유가 있다'라고 하면 역시 의미상 오문이 되는 것이다.

조사를 생략할 때 하더라도 교정 교열자들이 현장에서 그런 점을 명확하게 가려 주어야 문장의 의미가 좀 더 분명하게 독자에게 전달될 수 있다. 지금부터라도 편집 실무자들이 부사격조사에게 좀 더 예우를 해 주었으면 참 좋겠다. (네 번째)

[문] 오랜만이다. 혹시 연재를 까먹은 거 아닌가?
[부사어] 통찰력이 놀랍다. 새봄 맞이하느라 이리저리 바쁘기도 했고, 그러다 보니 살짝 까먹은 것 같다.

[문] 독자들을 생각해서라도 부디 신경 좀 써 달라.
[부사어] 잘 알았다. 노력해 보겠다. 쩝. 어디까지 얘기 했더라. 구박받다 보니 또 까먹었다.

[문] 부사격조사까지 얘기했다.
[부사어] 나이 먹으면 시냅스 작용이 더뎌져서 단기 기억에 약하다. 이해해 달라. 그럼 시작하겠다. 오늘은 부사어가 문장 속에서 지닌 파워에 대해 얘기하겠다. 우리말에서 어떤 부사어들은 반드시 일정한 서술어

를 불러온다. 그건 문장성분으로서 부사어의 두드러진 특징이기도 하다. 가령, 양보를 나타내는 문장의 절을 만들 때에 양보 부사어가 등장하면 연결어미는 필수적으로 호응되는 것만 올 수 있다. 예문을 한 번 보자.

[비록 김씨가 겉은 번듯하더라도(일지라도) 찌질함에서 벗어날 수 없다.]

위 문장에서 부사어인 '비록'을 생략해도 문장이 된다. 그런데 '비록'을 그냥 두고 어미인 '−이더라도'나 '−일지라도'를 바꾸어, '비록 김씨가 겉은 번듯하면 찌질함에서 벗어날 수 없다' 하는 식으로 쓰면 오문이 돼 버린다.

그것은 같은 양보의 의미를 나타내는 연결어미와 부사어가 호응한다고 했을 때에 문장에서 주도적인 역할을 하는 것은 부사어라는 점을 드러낸다. 우리말에서 부사어의 파워를 단적으로 보여주는 특수성이기도 하다. 그 속내를 살펴보면, 부사어 자체에 이미 의미론적으로 문장의 성격을 지배하는 정도, 방식, 상태, 결과, 원인, 이유, 목적 장소, 시간, 영역, 평가, 인식, 의무(당위성), 정감, 감탄, 수행, 지시, 의문 등의 온갖 내용이 담겨 있기 때문이다. 문법적으로 같은 의미선상에 있는 단어나 성질만이 오도록 수식 범위를 강력하게 제한하는 것이다. 학교 문법이나 논술에서는 그것을 이른바 '구조어'라는 이름으로 가르치기도 하는데,

예를 들면, '왜냐 하면 ~ 하기 때문이다', '비록 ~ 할지라도(하더라도)', '결코 ~ 않겠다', '하물며 ~ 하랴', '왜냐하면 ~ 때문이다' 등 무수히 많다.

사실 그같이 관용적으로 쓰이는 구조어를 일일이 외워야 한다거나 눈에 핏발 세우고 살필 필요는 없다. 왜냐하면 우리가 태어나서 말을 배우고 살아가는 과정에서 자연스레 습득하며 몸에 익힌 채 바르게 쓰고 있기 때문이다. 개그를 위한 말장난이 아니라면,

'여간 잘생겼어', '별로 늦었어' 따위의 문장을 쓰는 사람은 거의 없는 것이다.

그런데 문제는 의미상 반드시 부정 서술어가 와야 할 부사어가 나타났는데도 그 힘을 의식하지 않은 채 버젓이 긍정 서술어를 쓰는 경우이다. 예컨대, 위의 문장에 비록, 여간, 별로, 말고도 결코, 그다지, 비단, 일절, 전혀, 정작, 차마, 그렇다고 해서 등의 부사어가 등장하면 서술어는 반드시 부정의 의미를 담아야 정상적인 문장이 된다.

'여간 잘생겼어→여간 잘생기지 않았어'

'별로 늦었어→별로 늦지 않았네'

'결코 멈추겠다→결코 멈추지 않겠다'

'그다지 어려운 일이야→그다지 어려운 일이 아니야'

'비단 너뿐만이다→비단 너뿐만이 아니다'

'술을 일절 판매하겠다→술을 일절 판매하지 않겠다'

'전혀 새로운 풍경을 바라보았다→전혀 새롭지 않은 풍경을 바라보았다'

'정작 너에게는 말한 채 다가갔다→정작 너에게는 말하지 못한 채 다가갔다'

'차마 줄 수 있었다→차마 줄 수 없었다'

위의 예에서 앞의 문장은 개그에나 등장하는 오문들이다. 뒤에 고쳐
쓴 문장이 바른 표현이다. 여기서 고친 문장들을 눈여겨보자. 들머리에
서 든 예처럼 부사어가 빠져도 의미가 통한다. 그런데도 왜 그렇게 붙였
을까? 바로 부사어를 통해 의미상 서술어를 더욱 강조할 수 있기 때문이
다. 한마디로 앞에 있는 부사어가 뒤 서술어를 제한하는 속성을 지녔기
때문에 부사어가 있을 때에는 서술어는 꼼짝없이 의미상 부정이면 부
정, 바람이면 바람, 의문형이면 의문형 등으로 낱말의 정체성을 지켜야
한다.

서술어가 반드시 의문(감탄)형이어야 하는 '도대체', '오죽하면'이나 부정
적 상황이 뒤따라야 하는 '기껏', 바람을 담아야 하는 '아무쪼록', '부디',
더 나은 상황이 와야 하는 '설령', '설사', '설혹' 등도 의미의 강조를 나타내
는 부사어 구조어의 예이다. 어떤가. 이만하면 부사어의 파워가 실감나
지 않는가. (다섯 번째)

　문　 뭐냐, 도대체. 로또라도 당첨돼서 이민 간 줄 알았다. 기다리는
분들 좀 신경 좀 써 달라.

부사어 그랬으면 얼만 좋겠냐. 애석하게도 그건 아니다. 단지 책 한 권
집필할 일 있어서 바빴을 뿐이다. 이제 끝났다. 딱히 기다리는 사람도
없는것 같은데 너무 앙앙불락하지 않았으면 좋겠다.

[문] 이해해 달라. 이 카페가 먹고 사는 문제에 주로 매달리다 보니 그리 학구적인 카페는 아니지 않은가. 어쨌든 다시 보니 반갑다.

[부사어] 눈물겹게 고맙다. 사실 부사어에 관해서만 제대로 알아도 어디 가서 우리말 가지고 기죽지는 않을 것이다. 그만큼 중요하고 뼈대 난다는 얘기다. 각설하고, 오늘은 부사어의 유동성에 대해 이바구를 풀겠다.

[문] 생뚱맞게 유동성이 뭔 소리냐. 기업에서 돌아가는 현금 얘기냐?

[부사어] 그냥 닥치고 관람해라. '유동성'이란 그런 뜻도 있지만 형편이나 경우에 따라 이리저리 바뀌는 성질을 말한다. 일단 예문부터 보고 알기 쉽게 설명하자.

㉮ [다행히 박원순이 이번 선거에 이겼다.]

　　(이번 선거에 이긴 것이 박원순이어서 다행이란 의미)

㉯ [놀랍게도 그 후보가 군대를 다녀오지 않았다.]

　　(군대를 다녀오지 않은 사람이 그 후보라는 사실에 말하는 사람이 놀람)

위의 예문에서 밑줄 친 '다행히' 같은 평가 부사어나 '놀랍게도' 같은 정도 부사어가 수식하는 범위는 '선거에 이겼다'나 '다녀오지 않았다' 같은 동사구이다. 그런데 그 같은 부사어라도 아래 위치에선 수식하는 범위가 달라진다.

㉰ [박원순은 <u>다행히</u> 이번 선거에 이겼다.]

   (박원순이 이긴 것이 이번 선거여서 다행이라는 의미)

㉱ [그 후보는 <u>놀랍게도</u> 군대를 다녀오지 않았다.]

   (그 후보가 군대에 다녀오지 오지 않은 사실 자체에 놀람)

    왜 그렇게 같은 부사어인데 수식 범위의 유동성이 생기는 걸까? 그 것은 문장 속에서 초점을 어디에 두느냐에 따라 의미가 달라지기 때문이 다. 평가 부사어 '다행히'는 어떤 사태에 대해 말하는 사람이 그것을 다 행스럽다고 평가함을 나타낸다. 그런데 말하는 사람이 다행스럽게 여기 는 것은 사태 전체라고 할 수도 있지만, 그 사태를 말하는 사람이 다행 스럽게 여긴 특정한 요인이 있을 수 있다. 그 또 다른 요인이 문장 안에 서 하나의 성분으로 나타날 경우, 그 성분에 '다행히'라는 평가의 초점이 놓이는 것이다.

    '가'의 예에서는 다른 사람이 아닌 박원순이 이겼다는 것이 다행스러 운 사실이라고 해석할 수 있고, 그 경우 '다행히'의 초점은 '박원순이'에 놓인다고 할 수 있다. '나' '다' '라' 역시 놓인 위치에 따라 초점이 달라지 는 것이다. 그렇듯, 평가 부사어의 초점이 주어에 놓일 경우 그 부사어는 주어 앞, 즉 문장의 머리에 놓인다. 특별히 한 성분에 초점이 놓이는 것 이 아니라 사태를 그 전체로서 평가하는 경우에도 마찬가지로 부사어는 문장의 머리에 놓인다. 그러나 부사어의 초점이 주어가 아닌 다른 성분 에 놓일 때에는 그것을 강조하기 위해서 부사어를 해당 성분 바로 앞에 둘 수 있다.

그 점을 좀 달리 말하면 이런 것이다. 요컨대 문장을 구성하는 모든 성분이 정보 면에서 같은 지위를 지니는 것이 아니라는 얘기이다. 문장에서는 말하는 사람이나 듣는 사람이 모두 알고 있는 옛 정보도 있고, 말하는 사람이나 듣는 사람의 의식에 새롭게 떠오르는 새 정보도 있다. 우리말 문장에서는 대체로 옛 정보는 앞쪽에, 새 정보는 뒤쪽에 놓이는 경향을 보인다. 그래서 어떤 부사어가 핵심 서술로 드러난 사태에 대해 말하는 사람의 태도나 평가가 나타난다고 할 때에 그것은 사태 전반에 걸친 것이라 할 수도 있지만 그 가운데 새 정보에 해당하는 부분이 말하는 사람 태도의 주 대상이 된다고도 할 수 있다. 그래서 옛 정보에 해당하는 부분, 달리 말해 전제되는 부분은 부사어보다 앞에 놓이고 부사어는 그것에 해당되는 부분만을 수식 범위로 삼을 수 있다. 부사어의 위치에 따른 유동성은 바로 거기서 생겨난다. 이해가 잘 안 된다면 다양한 예로서 확실하게 한번 살펴보자.

[다행히 아무개는 이번 도지사 선거에서 간발의 차이로 개똥이를 이겼다.]

위의 문장을 말한 사람은 '아무개가 도지사 선거에서 간발의 차이로 개똥이를 이긴 것'을 다행으로 여긴다. 그 사건을 구성하는 요소로는 선거에 이긴 주체와 경쟁 대상, 특정 사건 등을 들 수 있다. 거기서 그들 요소에 따라 형성된 사태는 말하는 사람에게는 하나의 인식 대상에 지나지 않는다. 다시 말해 그것은 모두 말하는 사람이나 듣는 사람 모두에게 관련 없는 텍스트적인 정보이다. 그럴 때에는 '다행히'라는 문장 부사어가 문장에 의해 표현된 사건에 대한 화자의 태도를 표시하게 되는 것이다. 여기서 '다행히'는 문장의 머리에 놓여 문장 전체를 초점의 영역으로 삼고 있음을 알 수 있다. 그런데,

㉮ [김문수는 다행히 경기도지사 선거에서 간발의 차이로 유시민을 이겼다.]
㉯ [김문수는 경기도지사 선거에서 다행히 간발의 차이로 유시민을 이겼다.]
㉰ [김문수는 경기도지사 선거에서 간발의 차이로 다행히 유시민을 이겼다.]
㉱ [김문수는 경기도지사 선거에서 간발의 차이로 유시민을 다행히 이겼다.]

㉮에서는 김문수가 부산시장 선거나 서울시장 선거가 아닌 도지사 선거에서 이긴 것이 초점이고, ㉯에서는 많은 차이가 아니라 간발의 차이로 이긴 것이 다행이라는 점에 초점이 맞춰져 있다. ㉰에서는 다른 사람이 아닌 유시민을 이긴 것에 초점이 맞춰진 것이고, ㉱에서는 이겼다는 사실 자체에 초점이 맞춰져 있는 것이다.

형용사에게서
온 편지

안녕!

나는 우리말 품사 중에 제일 멋쟁이인 형용사라고 해. 왜, 내 스스로 멋쟁이라고 하니까 띫으니? 가만히 그 이유를 들어보면 수긍이 갈 거야. 참, 첫 편지에 반말 까는 건 이해해 주기 바라. 어차피 너도 존댓말 같은 거 잘 안하잖아.

나는 우리말 전체 어휘에서나, 기초 어휘에서 차지하는 비중이 제법 높단다. 계량언어학이란 동네에서 잠깐 빌려와 설명하면, 우리말 전체 어휘에서 내가 차지하는 비중은 5% 정도이지만 기초 어휘 1500개 가운데에는 10%를 차지한단다.

더구나 고유어의 비중이 높고 다양하다는 점에서 서양 애들한테는 가장 '한국어다운' 어휘 범주로 알려져 있기도 해. 다시 말하면 나야말로 우리말의 특질을 잘 반영하는 어휘 범주로 볼 수 있음을 의미한다는 얘기야. 너도 잘 알다시피 우리말의 풍부한 표현력과 아름다운 어휘 구사는 대부분 묘사와 상징이 풍부한 내가 주로 하는 일이잖아. 특히 동사와 함께 문장의 필수적 요소인 서술어로 쓰이기 때문에 그 중요도로 볼 때에는 가장 어휘수가 많은 명사에 뒤지지 않는다고 할 수 있지.

이쯤 되면 내가 멋쟁이라고 한다고 해서 불만은 없겠지? 그런데 사실 나는 요즘 고민이 많단다. 내 정체성을 가끔 의심하게 되거든. 심리 상담 한다니까 너도 잘 알거야. 애 낳고 결혼 생활 잘하다가 느닷없이 신랑이 낯설어지면서 어지럽혀진 집안 청소를 미룬 채 멀거니 베란다 창밖을 바라보다 드는 그런 생각. 난 도대체 뭘까. 한 아이의 엄마로서, 한 남자의 아내로서, 한 어머니의 며느리로서, 그리고 한 성숙한 여인으로서 내 정체성은 과연 뭘까?

무슨 말이냐 하면, 내 절친이기도 한 동사 녀석과 함께 문장에서 주어에 대한 서술어 구실을 하다 보니 점점 그 녀석을 닮아가는 거야. 나를 영어로 번역하면 더 그 사실이 명확해지기도 하는데 외출회에 수두룩한 영어 잘하는 오빠나 언니들은 쉽게 이해할 거야.

예컨대, '예쁘다'라는 말을 영어로 번역하면 그냥 pretty가 아니라 (be) pretty라는 동사형이 돼야 하잖아. 문장으로 한번 볼래? '재석이는 예쁜 여인을 좋아한다' 이런 문장이 있다고 치자고.

'Jaesuck like a pretty woman' 정도로 번역할 수도 있겠지만 완전한 건 아니지. 왜냐하면 우리말 문장을 자세히 보라고. '예쁜 여자' 이럴 때 내가 '여자'라는 말을 꾸며야 하니까 관형사형 전성어미 'ㄴ'이 붙어서 '예쁜'이라고 변하고 결국, '재석이는 좋아한다'라는 문장에 '여인이 예쁘다'라는 문장이 안긴 형태가 되잖아. 그러니 좀 더 의미를 살리자면,

'Jaesuck like a woman which is pretty'가 되지 않을까 해.

결국 내가 어떤 상태를 수식하며 동사 녀석처럼 행세한다는 거지. 그래서 아예 나를 대놓고 '상태동사'라고 부르는 점잖은 오빠들도 꽤 있긴 해.

아무리 그렇다 해도, 그나마 내 본 모습을 보일 수 있는 건 이럴 때야. '콩쥐가 금방 착했다', '콩쥐가 매우 착하고 있다' 이런 건 예문에 등장하는 사람도 문제이지만 외출회 사람들이 교정 일할 때 고치기 딱 좋은 문장이잖아. 열나게 오문이란 얘기지.

어쨌거나 앞으로 난 우리말의 트랜스젠더로서 당당히 등장할지도 모르겠어. 그런다고 해서 딱히 안 될 일도 없지만 그때가 되더라도 예전처럼 계속 예뻐해 달라는 얘기야. 나무라지 말고. 두서없는 얘기 이만 줄일게 날도 더운데 희떠운 얘기해서 미안해. 종종 들를게.

이만 총총. 너의 사랑하는 형용사가.

동사에게서
온 편지

안녕하세요?

제 친구 형용사가 쓴 편지가 올라와 있다고 해서 부랴부랴 달려왔습니다. 예나 지금이나 변함없는 그 애의 자아도취는 눈 뜨고 보기 힘들었습니다. 명사, 부사 등 우리말에서 무게깨나 잡는 애들(저를 포함해서) 다 제쳐 두고 자기가 제일 멋쟁이라느니 어쩌니 도대체 개념은 어디다 두고 다니는지 모르겠네요. 더욱이 고매하신 선생님께 다짜고짜 반말부터 까는 버르장머리는 정말 어찌나 염려스러운지요. 너그러운 선생님께서 평소 우리말을 아끼고 사랑하는 만큼 귀엽게 넘겨 봐 주시리라 믿습니다.

저 역시 오랫동안 그 애와 함께 문장에서 서술어 구실을 하며 용언의 자리를 지키고 있지만, 따지고 보면 형용사 그 애만 정체성이 흔들리는 건 아닙니다. 먼저 잘 아시다시피, 우리말에서 제 역할은 주어나 목적어로 쓰일 수 있는 요소와 차례로 결합하여 문장의 기본 뼈대를 만드는 것입니다. 언어학이나 심리학 동네에서 방귀깨나 뀌는 사람들은 주로 명사구 등의 형태로 나타나는 그걸 '논항'이라는 사전에도 안 나오는 어려운 말로 표현하죠.

그렇게 논항들과 차례차례 결합된 저는 시제(時制:tense:어떤 사건이나 사실이 일어난 시간 선상의 위치를 표시하는 문법 범주), 상(相:aspect:전통 문법에서, 동사가 가지는 동작의 양태(樣態)·특질 따위를 나타내는 문법 범주). 서법(敍法:mood:문장의 내용에 대한 화자의 심적 태도를 나타내는 동사의 어형 변화. 인도·유럽 어족에서는 '직설법', '명령법', '가정법', 우리말에서는 '평서법', '의문법', '감탄법', '명령법', '청유법'), 태(態:voice:동사에 관여하는 동작의 방향성에 관한 문법 형태) 등을 어미변화로써 자유롭게 표현합니다.

그런데 문제는 말이죠. 제가 행위나 상태 변화 과정만을 의미하지 않고, 또 한편으로 행위나 상태 변화의 의미가 제가 아무리 몸부림쳐도 어휘화되지는 않는다는 데에 있습니다. 예컨대 '어긋나다', '일치하다' 같은 말을 보세요. 분명히 동사로 한정되지만, '행위'나 '과정'의 의미를 나타낸다고 보기 어려워요, 또 '평행하다', '모자라다'는 저와 형용사의 두 가지 범주적 특성을 다 지녔는데, 동사로 쓰일 때에도 잘난 척하는 그 애처럼 '상태' 또는 '속성'의 의미를 갖는답니다. 그것 말고도 우리말에는 저와 형용사를 가늠하기 힘든 낱말들이 꽤 있어요. 예를 들면, '없다', '계시다', '아니다'는 얼핏 동사처럼 보이지만 형용사이고 '있다'는 저와 형용사 모두 통용되지요.

[나는 지금 모텔에 있다. 우리 같이 있자.] (동사)
[내게도 돈이 있다.] (형용사)

또 '크다'는 형용사지만 '큰다'는 동사이고, '밝다' 역시 형용사지만 '밝는다'는 동사이며, '먹지 않았다' 하면 형용사이고, '먹지 않는다' 하면 동사가 되니 문법 공부하는 우리 꼬마 친구들 머리에 쥐 날 만도 하지요.

말이 나온 김에 좀 더 예를 들어 보면, 형용사 '못생기다, 잘생기다' '못나다, 잘나다'를 보세요. 당최 어떤 게 동사이고 어떤 게 형용사인지 가려내기가 쉽지 않아요. 이 말들은 '못생긴, 잘생긴', '못난', '잘난'에서 보듯이 분명히 형용사인데, 현재시제 서술형은 '못생겼다, 잘생겼다' '못났다, 잘났다'가 되어 마치 저처럼, 아니면 저의 과거형처럼 쓰이지요. '안되다'나 '못되다' 같은 형용사에서도 같은 일이 벌어지는 걸 알 수 있어요.

심지어는 시대가 변함에 따라 아예 형용사로 성전환수술을 한 녀석도 있답니다. 예컨대 '힘들다' 같은 말은 90년대 중반까지 우리나라에서 나온 거의 모든 사전에 '자동사'로 등재되었고, 문장 속에서도 '힘든다' '힘든다고' 형태로 어미 변화하여 쓰이다가 어느 샌가 요즘 나오는 모든 사전에 '형용사'로 자리 잡고 말았습니다. 예전 선생님께서 어느 책에선가 '힘들다'는 어미 변화해서 쓰니 자동사로 해야 한다고 빡세게 주장할 때에 저는 사실 조마조마했답니다.

위에 예를 든 것처럼 품사적 범주의 경계가 무너지는 데에다 어차피 이래저래 저와 닮은 점이 많은 형용사와는 좀 얄밉긴 해도 앞으로 더욱 친해질 것 같습니다. 개인적인 생각이지만 문법을 어려워하는 우리 꼬마 친구들을 위해서는 품사 이름 하나쯤 통일하면 좋겠다고 생각하는데 선생님 생각은 어떠신지요? 형용사 그 애가 들으면 펄쩍 뛸 소리겠지만요.

할 얘기는 많지만 시간도 늦고 해서 이만 줄이겠습니다. '숲의 기억' 선생님도 남은 여름 건강하게 지내시길 기원합니다.

이제 그만 좀
'시키자'

사동과 피동 가려 쓰기

우리말 문장에서 주어인 주체가 남으로 하여금 어떤 동작을 하게 만듦을 나타내는 동사를 '사동사'라고 합니다. 반대로 문장의 주어인 주체가 스스로 하는 동작을 나타내면 그때에는 '주동사'라고 하지요.

[순이는 딸에게 저녁을 먹였다.] (사동사)
[딸은 어머니가 주는 저녁을 맛있게 먹었다.] (주동사)

위 문장에서 보이는 것처럼 사동사는 '먹는다'라는 동작의 대상인 '저녁을'이라는 목적어가 필요하므로 타동사이기도 합니다. 우리말에서 사동사를 만드는 법은 비교적 간단합니다. 일부 동사나 형용사의 어간에 '이, 히, 리, 기, 우, 구, 추' 등의 접사를 붙이면 대개 사동사로 바뀌니까요. 가령, 죽다→죽이다, 살다→살리다, 웃다→웃기다 이런 식으로 말이죠.

정상적인 말글살이를 하는 사람이라면 자신이 익혀온 언어습관에 의해 누구나 그같이 사동형을 써서 문장을 만드는 것이 그리 어렵지 않습니다. 그런데 일부 사동사는 피동사가 같은 모양이기 때문에 조금 주의를 기울일 필요가 있습니다.

예를 들면, '순이는 딸에게 새 옷을 보였다'와 '저기 코츠뷰의 불빛이 보였다'라는 문장에서 '보였다'라는 동사는 모양이 같지만 앞의 문장에서는 사동이고 뒤의 문장에서는 피동이 되기 때문이지요. 또 '남편은 아내에게 딸을 안겼다'라는 문장과 '그는 죽어서야 조국의 품에 안겼다'에 나오는 '안겼다'라는 동사 역시 모양은 같지만 앞의 것이 사동사이고, 뒤에 것은 피동사입니다. 그리고 '순이는 딸에게 위인전을 읽혔다'라는 문장의 '읽혔다'와 '그 소설책은 많은 독자에게 읽혔다'라는 문장의 '읽혔다'도 앞의 것은 사동이고 뒤에 것은 피동입니다.

그 같은 혼동을 피하려면 흔히 동사 뒤에 '-게 하다'나 '-게 만들다'를 덧붙여 속 편하게 사동을 만들 수 있습니다. 예를 들어 이렇게 바꾸면 됩니다.

[순이는 딸에게 위인전을 읽혔다.]
→[순이는 딸에게 위인전을 읽게 했다.]

위의 예 말고도 우리말에서는 거의 모든 용언에 '-게 하다'를 붙여 사동으로 만들 수 있습니다. 무지하게 생산적인 표현법이라고 할 수 있지요. 하지만 이것도 절대적인 것은 아닙니다. 동사 가운데에는 이미 독립된 타동사로 굳어진 녀석들이 도사리고 있기 때문이지요.

가령, '전두환은 자신의 재산을 숨겼다'라는 문장에서 '숨겼다'라는 동사를 '숨게 했다'로 바꾸면 이상한 문장이 됩니다. 또 '아버지가 돌아가시면서 유언을 남겼다'라는 문장에서 '남겼다'라는 동사를 '남게 했다'라는 사동형으로 바꿀 수는 없습니다.

'-게 하다' 형태 말고도 우리말에서 사동의 의미를 담을 수 있는 말의 대표선수는 역시 '-시키다'입니다. '-하다'류의 동사들은 대개 '-시키다'를 붙이면 사동의 뜻을 담을 수 있습니다. 어찌 보면 '-게 하다'형 사동보다 생산성이 훨씬 높다고도 할 수 있는데 그렇다 보니 문제가 생겨났습니다.

언론이나 여러 매체에서 무차별하게 '-시키다'를 남용하는 것이지요. 가령, '국회는 대체휴일제 법안을 가결시켰다'라는 표현을 쓰기도 하는데 이 문장대로라면 대체휴일제 법안을 국회 스스로 가결한 게 아니라 어떤 다른 대상에게 맡기거나 시킨 것이 되어 틀린 문장이 되고 맙니다.

이런 경우에도 마찬가지입니다. 예컨대, '미래를 위해 오염된 환경을 개선시켜야 한다'라는 표현도 자주 틀리게 쓰는 것인데 '개선'은 우리 스스로 하는 것이지 누구한테 시켜서 하는 것이 아니므로 틀린 표현입니다. 비슷한 경우로 '개편', '개조', '개혁' 등의 낱말을 쓸 때에도 '-시키다'를 붙여 사동사로 만들면 어색한 문장이 됩니다.

또 자주 틀리게 쓰는 것 가운데 하나는 '교육시키다'라는 표현인데 이 역시 잘못된 것이라 볼 수 있습니다. '교육하다'라는 말은 가르쳐 기른다는 뜻을 지닌 타동사입니다. 그래서 '부모가 자녀를 교육하다'라고 하면 되는데 '교육시키다'로 종종 쓰기도 합니다. 아이들을 학교에 맡겨 가르치니 시키는 것이 맞지 않느냐고 할 수도 있는데 자녀를 가르치고 기르는 주체는 언제나 그 아이들의 부모이며 학교에 맡기는 것은 가르치는 방편일 뿐입니다. 학교나 학원에 맡긴다고 해서 자녀를 가르치고 기르는 의무와 책임이 부모에게서 사라지는 것은 아니니까요.

그 밖에도 '책임을 전가시키다'라거나 '재능을 전수시키다', '원서를 접수시키다' 같은 경우에도 '–시키다'를 남용한 예입니다. 책임을 전가하는 것은 자신이 직접하는 행동이기 때문에 사동이 될 수 없고, 원서는 제출하는 것이지 자신이 내면서 접수시키는 것이 아닙니다. 또 자기가 지닌 재능을 넘기는 데에 스스로 전수하며 시킬 까닭이 없습니다. 예를 든 것 말고도 '–시키다'를 잘못 쓴 사례는 우리 주위에 너무 흔합니다. 우리말의 건강을 위해 이제 그만 좀 '시켰으면' 하는 바람입니다.

형태소 이야기

오늘은 한 학생이 질문해 온 김에 답변을 겸해 형태소에 관한 이야기를 잠깐 하고자 합니다. 질문한 학생뿐 아니라 우리말 문법을 공부하는 사람이라면 누구라도 초장부터 만만치 않은 난해함으로 위용을 뽐내는 이 녀석 때문에 골머리가 아팠던 기억이 있었으리라 짐작됩니다.

학자들은 왜 이런 걸 만들어 내서 가뜩이나 입시 경쟁에 시달리는 우리 속을 썩일까 하고 원망한 사람도 제법 있었을 터입니다. 사실 '형태소'라는 말 자체가 우리말 문법에서 자리 잡은 것은 아주 먼 옛날 얘기는 아닙니다. 물론 한힌샘 선생에 의해 우리말 문법이 뿌리 내리던 무렵에도 비슷한 개념은 있었지만 20세기 중반에 이르러 '구조문법'이라는 서양의 연구 방법을 빌려온 국어학자들이 비로소 우리말 문법에 적용한 것이니까요. 구조문법이란 건 쉽게 말해 전체의 구조 가운데 객관적으로 널리 퍼진 것을 과학적으로 연구 분석하는 것인데 언어를 음운, 형태소, 어휘 등의 작은 단위의 문법 계층으로 나누는 것을 말합니다.

어쨌거나, 어떠한 구조나 전체를 이루고 있는 구성체가 일정하게 갖추고 있는 모양을 우리는 '형태'라고 합니다. 우리말 역시 다양한 체계를 갖춘 거대한 구성체입니다. 거기에 포함되는 여러 문법 요소 가운데 뜻을 지닌 소리 연결체로서 가장 작은 단위가 바로 오늘의 주인공 '형태소'이지요. 여기서 '뜻을 지닌'이란 대목을 눈여겨봐야 합니다. 뜻을 나타내지 않고 단순히 소리 연결체로서 가장 작은 단위는 '음소'라는 다른 요소가 있기 때문입니다.

그런데 먼저 짚고 넘어가야 할 것이 있습니다. 학생들이 자주 헷갈려 하는 것이기도 한데 하나의 소리 단위에 지나지 않는 '음소'도 형태소가 될 수 있는가 하는 점입니다. 결론부터 말하면 '충분히 될 수 있다'입니다. 예컨대, 자음의 'ㄴ'이나 'ㄹ', 'ㅁ', 'ㅂ', 모음의 'ㅣ'나 'ㅗ' 등도 어미로 쓰일 때에는 형태소가 됩니다.

떠난 기차─'떠나다'라는 용언을 어미 'ㄴ'이 붙어 관형사형으로 만듦
슬픈 기억─'슬프다'라는 용언을 어미 'ㄴ'이 붙어 관형사형으로 만듦
꿈꿀 시간─'꿈꾸다'라는 용언을 어미 'ㄹ'이 붙어 관형사형으로 만듦
볼 사람─'보다'라는 용언을 어미 'ㄹ'이 붙어 관형사형으로 만듦
만남─'만나다'라는 용언에 접미사 'ㅁ'이 붙어서 명사로 만듦
기쁨─'기쁘다'라는 용언에 접미사 'ㅁ'이 붙어서 명사로 만듦
그립다─'그리다'라는 동사의 어간에 'ㅂ'이 붙어 형용사로 만듦
놀랍다─'놀라다'라는 동사의 어간에 'ㅂ'이 붙어 형용사로 만듦

위와 같은 경우에는 하나의 소리 단위에 지나지 않지만 형태소가 되는 데에 전혀 부족함이 없지요. 왜냐하면 슬프다, 보다, 기쁘다, 그리다 같은 어휘 자체의 의미에 관형사로 만든다든지, 명사로 만든다든지, 형용사로 만든다든지 하는 문법적 의미까지 더해 주기 때문입니다. 이렇게 예를 들어 보니 형태소란 녀석의 모습이 조금 분명해지지요?

그렇습니다. 우리가 언어로 표현하는 모든 것은 문장 속에서 듣는 이나 말하는 이, 또는 환경이나 장면에 따라 갖가지 형태로 구체적인 의미가 정해집니다. 그것을 언어학에서는 '발화'라고 하는데 발화가 문장 단위로 실현된 것을 폼 잡는 말로 '발화체'라고도 하지요. 발화체를 통해 우리는 비로소 정보 전달을 이루고 어떤 행위를 할 수 있습니다. 형태소란 녀석은 그 발화체를 이루는 어휘들의 실직적인 의미뿐 아니라 문법적인 의미까지 포함한 마지막 단위가 되는 셈입니다. 이 점을 새겨두면 형태소의 개념을 반 이상 이해한 것입니다.

여기서 '실질적인 의미'를 지닌 형태소를 '실질형태소'라고 합니다. 실질형태소는 문장 속에서 구체적인 대상이나 동작, 상태를 표시하지요. 다시 말해 어휘적 의미가 있는 어떤 대상이나 상태, 동작을 가리키는 것입니다. 여기에는 뜻을 나타내는 모든 자립형태소가 포함됩니다. 또 의존형태소 중 용언의 어간과 파생어의 어근도 같은 편입니다. 통사적으로 보면 일반적으로 명사, 동사, 형용사, 부사 등이 속하지요.

실질형태소와 달리 자립적인 뜻은 없지만 위의 예를 든 것처럼 문법적 의미가 있는 형태소가 '형식형태소'입니다. 형식형태소는 반드시 자립성 있는 실질형태소에 달라붙어 둘 사이의 문법적 관계를 나타내는 기능을 합니다. 조사나 어미, 접사가 여기에 포함되고 문장 속에서 절대 띄어 써서는 안 됩니다.

근데 '자립성'이란 말에는 유의해야 할 함정이 숨어 있습니다. 사람들이 띄어쓰기를 헷갈리고 틀리는 것은 대개 그 점을 제대로 헤아리지 못했기 때문에 생겨납니다. 바로 문장 속에서 저 혼자는 온전한 뜻을 전하지 못하는 의존명사나 관형사가 도사리고 있는 것이지요. 잘 알다시피 의존명사나 관형사에게는 문장 속에서 항상 의존해야 할 대상이 필요합니다. 자립성이 그다지 온전치 못하다는 얘기지요. 그러다 보니 의존명사나 관형사도 형식형태소가 아닐까 하는 착각에 빠지는 것입니다.

형태소를 얘기할 때 자립성의 개념은 통사, 즉 명사 대명사 수사를 수식하는 관형사가 어떻고, 동사나 형용사를 수식하는 부사가 어떻고 하는 품사의 역할에 따른 의존성은 염두에 두지 않아도 됩니다. 다만 형태소는 단어와 어휘가 어떻게 만들어지는가 하는 차원에서만 따지면 됩니다. 그렇기 때문에 어떤 형태소에게 (문법적으로) 다른 형태소가 필요해서 그것에 달라붙어 낱말이 된다면 그 녀석들은 모두 의존형태소가 되는 것은 당연한 일입니다. 하지만 품사의 세계에서 의존성을 지닌 의존명사나 관형사일지라도 형태소 동네에서는 접사나 어미가 달라붙지 않고 저 혼자 (문법적 의미가 있으므로) 어엿하게 자립형태소로 자리 잡는 것입니다.

일단은 여기까지 형태소의 개념 정도를 설명해 드렸습니다. 다음에 기회가 된다면 좀 더 자세히 형태소를 정복할 수 있도록 해 드리겠습니다.

보조사 이야기
(첫 번째)

흔히 교착어라고 일컫는 우리말에는, '조사'와 '어미'라는 녀석들이 잘 발달돼 있음은 이미 널리 알려진 사실이죠. 하도 이리저리 잘 발달되다 보니 그것을 사용하는 사람 입장에선 때때로 헷갈리는 것은 물론, 글을 전문으로 쓴다는 사람조차 틀리게 쓸 때가 많은 것을 볼 수 있습니다. 조사 하나쯤이야 하고 방심하다가 오문이 되거나 뜻이 달라지는 낭패를 보는 수가 우리말에서는 허다합니다.

그래서 조사와 어미의 기능과 쓰임새를 헤아리는 일은 우리말의 문법적 특징을 살피는 아주 중요한 요소이기도 하지요. 오늘은 먼저 조사에 대한 이야기를 해 보고자 합니다. 그 가운데 특히 언론 매체를 비롯해 사이버 공간에서도 많은 사람이 자주 틀리거나 혼동해서 쓰고 있는 보조사에 대한 이야기를 두 번에 걸쳐 할까 합니다.

우리말에서 조사는 주로 체언 뒤에 붙어 그것들이 문장에서 하는 구실을 표시하는 문법적 요소라는 것은 제도교육 과정에서 귀가 따갑도록 들었을 것입니다. 한마디로 자립성이 없기 때문에 반드시 자립 형식이 있는 앞말에 붙여 써야 맞는다는 얘기지요. 그런데 요즘에는 언론 매체에서조차 '보다'나 '부터', '조차' 같은 조사를 띄어 쓰는 일을 흔하게 볼 수 있습니다. 바로 내가 이 글을 쓰고자 맘먹은 계기이기도 합니다. 물론 조사가 반드시 체언이 되는 명사, 대명사, 수사에만 붙어서 쓰이는 것은 아니지요. 예컨대,

㉮ [이번 선거에 그 후보를 찍을 마음이 도무지 생기지가 않는군요.]
㉯ [그 후보의 과거에 대해 보수 언론은 가만히를 두지 않습니다.]

위의 ㉮와 ㉯에서 보이는 것처럼 조사가 체언이 아닌 용언의 활용형 뒤에서도 나타날 수 있음을 알 수 있습니다. 심지어 ㉯의 경우에서처럼 부사 뒤에도 붙을 수 있습니다. 그래서 조사를 체언 뒤에 붙는 문법적 요소로만 생각해서는 안 됩니다. 이에 대해서는 기회가 되면 좀 더 자세히 설명하겠습니다. 여기서는 자립성이 없는 조사는 자립성이 있는 낱말에 반드시 붙여 써서 문법적 관계나 뜻을 더해 주는 역할을 한다는 점을 새겨두면 됩니다.

조사 가운데 그 뜻을 더해 주는 역할을 하는 대표선수가 바로 '보조사'입니다. 보조사는 비록 체언에 붙어 있더라도 그 체언이 문장 속에서 하는 특정한 구실을 표시하는 기능 없이 어떤 뜻만을 보태는 일을 하지요. 격조사나 접속조사가 언어 형식과 관련된 기능을 하는 것에 견주어 보조사는 의미를 더한다는 점에서 어휘적 요소와 비슷하기도 합니다.

이건 무슨 얘기냐 하면 실제로 보조사 가운데에는 다른 언어에서 어휘 자격을 가지는 것에 맞물리는 것이 있다는 얘기입니다. 이 점이 바로 자립성이 없는 조사인데도 불구하고 자꾸 자립성 있는 어휘처럼 착각하는 까닭이라고 생각합니다. 예를 들어 영어에서 하나의 어휘인 'only'는 우리말 조사에서 '만'과 의미가 같습니다. 또 '도'의 경우에도 영어의 'also' 와 맞물리지요. 조금 다른 경우이긴 하지만 '보다'(more)나 '부터'(from) 등도 비슷합니다.

이미 말한 대로 보조사는 단순히 뜻을 더해 주는 역할을 하기 때문에 여러 문장 성분 뒤에서 나타날 수 있습니다. 이를 좀 더 자세히 살펴보면 보조사는 문장 성분 뒤에 오는 '성분 보조사'와 문장 끝에 붙는 '종결 보조사', 그리고 문장 성분에도 붙고 문장 끝에도 붙는 '통용 보조사' 등으로 나눌 수 있지요. 예를 한번 들어 보겠습니다.

㉮ [너만 그렇게 못하니.]←홀로의 의미인 주어에 결합
㉯ [튼튼하게만 자라다오.]←그것만의 의미인 부사어에 결합
㉰ [도서관에서는 절대 떠들지 마라.]←비교의 의미인 부사어에 결합
㉱ [그 사람 하는 행태가 마음에 들지도 않아요.]←비교의 의미인 서술어에 결합

이처럼 문장 속에서 어떤 성분에 결합되는 것은 성분 보조사입니다. 그런데 위 예문들을 눈여겨보면 성분 보조사의 경우 반드시 ㉮처럼 '다른 이들은 잘하는데'라는 뜻을 함축하고 있음을 알 수 있습니다. 화자가

전하고자 하는 속뜻이 다르다는 의미이지요. 대체로 우리말 보조사에서 '만'이나 '도' 형태로 결합하는 것은 그렇게 함축된 뜻을 나타낼 때입니다. 거기에 불만의 보조사 '나마 (/이나마)', 양보의 보조사 '라도(/이라도)', 특수의 보조사 '야 (/이야)' 따위가 따라붙기도 하지요. 모두 느낌의 정도 차이는 있지만 '만'의 함축과 유형이 같음을 알 수 있습니다. 사실 '나마(/이나마)', '라도 (/이라도)' 등은 서술격조사의 활용형에서 보조사로 전용된 것들입니다. 그래서 모양이 바뀌는 방식이 서술격조사와 비슷하지요. 다만 모음으로 끝나는 말 아래에서 서술격조사는 '이'가 경우에 따라 생략되는 데에 견주어 보조사로 쓰일 때에는 '이'가 반드시 생략된다는 차이가 있습니다.

다음으로, '대통령이 물러났다마는, 대통령이 죽었네그려, 대통령이 드디어 떠났구먼그래' 등은 종결 보조사인데 문장 끝에서 감탄의 뜻을 더한다는 점만 새기면 됩니다. 그리고 '저기요 지금요 화장실에요 가야만 하거든요'처럼 모든 문장 성분과 결합하면서 문장 끝에도 올 수 있는 보조사는 통용 보조사입니다.

보조사 이야기
(두 번째)

보조사는 여러모로 참 쓸모 있으면서 우리말의 풍요로움을 더하는 소중한 존재이기도 합니다. 나만의 생각일는지 모르지만 보조사야말로 문장에서나 대화에서나 우리말을 아기자기하게 만드는 기특한 녀석이 아닐까 여겨집니다. 격조사의 경우에는 하나의 문장에서 체언에 달라붙어 우리가 금방 어떤 게 주어이고 어떤 게 목적어인지 분명히 가려낼 수 있도록 합니다. 그런데 보조사는 앞선 글에서 얘기한 대로 주어, 목적어, 부사어 자리에 자유롭게 붙을 수 있습니다. 똑같은 하나의 글자지만 그만큼 쓰임새가 다양한 데에다 대화하는 이의 은근한 정서까지 드러낼 수도 있지요.

복습하는 의미에서 간단히 다시 한 번 예를 들면, '만' 하나만 해도 '공부한다'는 간단한 어휘를 나타날 때에도,

[순이만 공부를 한다.] (주어에 결합)

[순이가 공부만 한다.] (목적어에 결합)

[순이가 공부를 건성으로만 한다.] (부사어에 결합)

등에서처럼 문장성분에 관계없이 따라붙어 뜻을 더하며 말하는 이의 숨겨진 정서를 드러나게 합니다. 다시 말해 말하는 이가 듣는 이의 주의를 환기시키거나 문장의 나머지 부분이 어떤 것이라는 주제임을 나타내고 싶은 까닭이지요.

자, 이제 보조사 가운데 가장 널리 쓰이는 '은(는)'에 대해서 얘기할 차례입니다. 과거에도 포스팅한 적이 있지만 보조사 '은(는)'의 쓰임새에 대해 제대로 아는 것은 우리말 문장의 의미를 바르게 파악하고 전달하는 매우 중요한 일입니다. 우리말을 공부하거나, 글을 쓰거나, 교정 교열 같은 일에 종사하려면 반드시 익혀 두어야 할 필요가 있지요.

보조사 '은(는)'은 보통 대조의 의미를 지니는 문장을 나타날 때에 자주 쓰입니다.

㉠ [순이가 김치찌개는 잘 먹지만 돼지고기는 먹지 않았다.]

㉡ [순이가 돼지고기는 먹지 않았다.]

예문에서처럼 모음으로 끝나는 말 뒤에서는 '는'이 쓰이고 자음으로 끝나는 말 뒤에서는 '은'이 쓰이는데 '는' 이 대조의 의미를 지니는 것을 잘 보여줍니다. 보조사 '는'이 붙은 낱말 '김치찌개'와 '돼지고기'를 보면 같은 음식인데 하나는 먹었고, 다른 하나는 먹지 않았다는 상반되는 내용으로 비교되어 있지요. 앞의 '김치찌개'와 '돼지고기'처럼 문장에서 서로 비교되는 쌍을 학자들은 '자매항'이라고 표현하기도 한답니다.

그런데 그 자매항 가운데 하나가 꼭 드러나지 않는 ⓛ의 경우에도 우리는 언어습관상 대조의 의미를 읽을 수 있습니다. 다시 말해 '돼지고기'가 아닌 다른 어떤 음식을 먹지 않았음을 짐작할 수 있는 것이지요. ⓛ 문장의 '는' 자리에 목적격 조사 '을'을 써서 '순이가 돼지고기를 먹지 않았다'고 한다면 그 문장에서는 그러한 함축적 의미를 읽을 수 없습니다. 바로 보조사의 힘이 발휘되는 것을 볼 수 있습니다.

위의 경우에서처럼 '는(은)'이 대조의 의미를 가질 때에는 문장 안에 드러나든 아니든 함축된 의미를 지닌 대조되는 쌍, 곧 '자매항'이 있어야 합니다. 그런데 그렇게만 알고 있으면 '는(은)'이 보조사인데도 주격조사처럼 헷갈릴 때가 있습니다. 자매항이 상정돼 있지 않는 경우도 있기 때문이지요. 예컨대,

[얼마 전에 대통령이 선출되었습니다. 그런데 한 달이 다 돼 가도록 그 대통령은 내각을 구성하지 못했습니다.]
[누가 거북선을 만들었는지 아니?]
[네, 거북선은 아유미 아니 이순신 장군이 만들었습니다.]

위의 문장에서 보조사 '은'은 특정한 자매항을 두지 않습니다. 바로 대조의 의미보다 문장의 정보 전달과 관련된 어떤 기능을 하기 때문이지요. 그런데 문장을 눈여겨보면 보조사 '은'이 붙은 낱말이 이미 앞에서

언급된 것이라는 것을 알 수 있습니다. 이처럼 보조사 '은(는)'은 이미 언급되었거나 듣는 이와 말하는 이가 모두 알고 있어서 정보의 전달 가치가 낮은 말 뒤에 붙습니다.

그 같은 현상이 벌어지는 까닭은 우리말이 영어처럼 주로 행동의 주체를 알리기보다 설명의 대상이 무엇인지 뚜렷하게 나타냄을 중요하게 여기기 때문입니다. 그 설명의 대상을 뚜렷하게 알리는 어휘가 바로 문장의 주제어가 되는 셈이지요. 그렇게 주제어를 만든 보조사 덕분에 우리말에서는 주제어 다음에 또 다른 주어가 다시 나올 수 있고 생략될 수도 있습니다.

술어 중심의 우리말 언어 습관을 보면 주어가 자주 생략되는 경우가 생기게 되는데 그렇게 생략된 주어를 대신해서 불완전한 문장의 중심이 되는 낱말에 붙어 적절한 위치를 찾아 긴장을 유지시키는 역할을 바로 우리의 기특한 보조사 '은(는)'이 하는 것입니다.

사이시옷에
관한
짧은 생각

한글 맞춤법에서 띄어쓰기와 함께 글 다루는 사람들의 골치깨나 아프게 하는 게 바로 '사이시옷'입니다. 붙여야 하나 말아야 하나 고민하다가 결국 쓰고 나면 틀리기가 일쑤지요. 오늘은 쉽게 저버릴 수 없는 한글 맞춤법의 애물단지 사이시옷에 관해 잠시 이야기해 보겠습니다.

우리말에는 명사와 명사가 만나 합성어를 이룰 때 앞 명사의 받침으로 'ㅅ'을 적는 경우가 있습니다. 그때 붙이는 'ㅅ'을 '사이시옷'이라고 합니다. 하지만 모든 명사 합성어에 사이시옷을 적는 것은 아니고 몇 가지 조건이 따릅니다. 예컨대, 사잇소리 현상이 일어났을 경우, 앞말이 모음으로 끝났을 경우, '순우리말+순우리말'과 '순우리말+한자어'일 경우 등의 조건이지요.

사잇소리 현상이란 명사 사이에 'ㅅ'이 덧붙어 뒷말의 예사소리가 된소리로 바뀌거나 뒤의 'ㄴ, ㅁ' 앞에서 받침 자리에 'ㄴ'이 덧붙는 것, 또 앞말의 받침과 뒷말의 첫소리 자리에 각각 'ㄴ'이 덧붙는 현상을 말합니다. 그 같은 사잇소리 현상이 생겨났을 때 앞말의 받침으로 'ㅅ'을 적는 것이지요. 사이시옷의 출생 비밀은, 그렇게 우리말의 소리 내는 습관과 밀접하게 연관돼 있습니다.

일단 사이시옷에 대해 제대로 알려면 1988년부터 시행된 한글 맞춤법에서 규정하는 사이시옷의 쓰임새부터 짚고 넘어가야 합니다. 이 규정의 특징은, 이전의 한글 맞춤법 통일안과 원칙 면에서 크게 다르지 않습니다만 가장 혼란이 빚어지는 한자어의 경우, 사이시옷을 받쳐 적는 것을 최대한 줄인 점입니다.

예를 들면, 입말로 굳어진 '곳간', '셋방', '숫자', '찻간', '툇간', '횟수' 등의 여섯 개 낱말을 빼곤 두 음절로 된 한자어에서는 모조리 사이시옷을 받쳐 적지 않도록 한 것이지요. 그렇다고 문제가 모두 해결될까요? 물론 결론은 '아니다'입니다.

이미 언급한 대로 사이시옷의 출생 비밀이 전적으로 우리말의 소리 내는 습관에 달려 있기 때문이지요. 다시 말해 사이시옷을 붙여야 하나 말아야 하나 하는 고민은 곧 하나의 낱말(명사)이 합쳐졌을 때에 그것을 된소리로 내야할 것인지 말 것인지, 또는 'ㄴ' 소리가 덧나는지 아닌지 따위의 현상을 가려야 하는 것에서 출발하는 것입니다.

그렇게 소리 나는 현상에 따라 쓰임새가 바뀌는 사이시옷을 우리말과 조성 원칙이 다른 뜻글자인 한자어까지 포함해 하나의 문법적 틀 안에서 적용하다 보니 결국 모든 혼란과 문제가 생겨난 것이지요. 가령 한자의 경우, '효과'(效果)나 '고가'(高價, 古家, 高架) 등처럼 조성된 위치 또는 글자끼리의 관계에 따라 발음의 강약이 달라지고, '노래방'(노래+房)처럼 순우리말과 합쳐질 경우 입말의 습관에 따라서 강약이 뒤바뀔 수도 있는 것입니다.

실제로 우리 실생활에서는 문법적인 원칙을 떠나 폭넓게 일반화해 쓰이는 것이 몇 가지 있습니다. 논란의 여지가 많은 그것들이 꼭 옳은 것은 아니지만 원칙은 알고 넘어가야 할 필요가 있겠지요. 대표적으로 꼽을 수 있는 게 '노래방'과 미용실을 순화한 '머리방'입니다.

'노래'라는 순우리말과 '방'이라는 한자어 명사가 합성된 이 낱말은 원칙대로라면 당연히 '노랫방'으로 사이시옷을 받쳐 적는 게 옳습니다. '머리방'도 마찬가지로 '머릿방'으로 써야 맞겠지요. 순우리말과 한자어로 된 합성어로서 앞말이 모음으로 끝나 뒷말의 첫소리를 된소리로 내야 하는 경우이기 때문입니다. 그런데 사람들은 대부분 '노랫방'을 '노래빵'으로 소리 내기보다 '노래방'으로 소리 내고 또 그렇게 적습니다.

예전에 '샘이 깊은 물'이라는 여성 월간지만이 우리나라에서는 유일하게 '노랫방'이라고 고집스럽게 적는 것을 본 적이 있습니다만 나 역시도 '−빵'이라는 된소리보다 '−방'으로 소리 나게 읽는 편입니다. 반대의 경우로 노래 가사를 순우리말로 풀어 쓴 '노랫말'이 있는데 이때에는 모두 '노랫말'로 사이시옷을 받쳐 적고 있습니다. 그런데 이것도 문제가 없는 것이 아닙니다.

세 음절의 순우리말 합성어인 '노랫말'의 경우, 모음 아래 울림소리(유성음)을 만나 'ㄴ'이 덧붙어 '노랜말'로 소리 나니 사이시옷을 받쳐 적는 것은 맞는데 실제로는 '말'을 짧게 소리 내면 우리가 소리 내는 '말'이 아니라 동물 '말'이 되고 맙니다. 자칫 '노래하는 말이' 될 수도 있는 것이

지요. (대체로 사람들이 '노랫말'이라고 했을 때에 '말'을 짧게 소리 내는 게 유머)

사람의 입에서 나오는 '말'은 길게 소리 내야 할 '말:'입니다. 그래서 '노랫말'은 '노래말'로 그대로 쓰는 게 더욱 현실적이라고 생각합니다. 여러분 생각은 어떠신지? '사이시옷'이 아니라도 유례없이 더운 이 여름 날 골치 아픈 일이 많을 텐데 더욱 혼란스럽게 하는 게 아닌지 죄송한 마음이 듭니다. 아님 말고요.

홀대받는
부사격조사 '에'

사람도 그렇잖아요? 제 할 일 다 하고도 홀대받으면 속이 무척 쓰리지요. 자기에게 주어진 역할을 다하고 누구나 제자리를 찾는 것이야 말로 세상이 아름다워지는 풍경일 텐데 말이에요. 그런데 우리 말글 동네에도 경상도말로 '세빠지게' 할 일 다 하면서 푸대접받거나 아예 무시당하는 녀석이 있답니다. 바로 부사격조사 '에' 말이에요. 녀석이 자리에서 제대로 대접받지 못하니 우리말 풍경이 많이 어지러워지는 게 사실입니다. 한번 예를 볼까요?

㉮ [이번 정책을 우선시할 경우는 재량권보다 법률 남용을 명기하는 게 낫다.]

㉯ [나에게 달라고 사정할 때는 언제고, 내가 요청할 때는 모른 척한다.]

㉰ [어떤 단체나 기관이 주어일 때는 주격조사로 쓰이기도 한다.]

㉱ [그들이 지금 그렇게 주장하는 데는 지난 정부의 미지근한 태도도

원인이 있다.]

㉺ [결국은 모두 그 자리에서 패배를 맛보았다.]

㉻ [그들과 함께 있을 때도 외로움이 밀려오곤 했다.]

㉼ [아침은 수영장으로, 저녁은 헬스장으로 온종일 몸짱 만들기에 여념이 없다.]

위 문장들은 얼핏 보면 맞는 문장 같지만 밑줄 친 곳에 부사격조사 '에'를 빠뜨림으로써 모두 오문이 되어 있습니다. 물론 부사격조사도 생략이 가능할 때가 있습니다. 이런 경우 말이지요.

㉮ [어제 취재팀이 급히 대전(에, 으로) 내려갔습니다.] (○)

㉯ [어제 취재팀이 급히 서울(에서) 내려왔습니다.] (×)

㉮ 문장에서처럼 도착지를 나타낼 때에는 생략해도 무방하지만 출발점을 나타낼 때에는 ㉯에서처럼 문장이 되지 않습니다. 그같이 조사는 생략했을 때에 어색하지 않은 경우와 어색한 경우가 있고 경우에 따라 앞선 예처럼 본디 뜻과 달리 오문이 되기도 합니다. 특히 격조사는 체언과 다른 말과의 관계를 규정짓기 다양한 쓰임에 따라 형태를 잘 익혀야 하는 것입니다.

다시 설명하자면 격조사란 말 그대로 '체언이나 체언 구실을 하는 말 뒤에 붙어 앞말이 다른 말에 대하여 갖는 일정한 자격을 나타내는 조사'로 정의할 수 있습니다. 여기서 밑줄 친 부분을 눈여겨봐야 합니다. '앞말이 다른 말에 대해 갖는 일정한 자격'이란 바로 문장 속에서 어떤 구실을 하느냐, 즉, 주어 노릇을 하느냐 서술어 노릇을 하느냐, 아니면 목적어 노릇을 하느냐 보어 노릇을 하느냐, 그리고 관형어 노릇을 하느냐 부사어 노릇을 하느냐 등을 말합니다. 한마디로 문장 성분이 무엇이냐를 말하는 것이지요. 그래서 주어 노릇을 하면 '주격조사', 부사어 노릇을 하면 '부사격조사' 이렇게 부르는 것입니다.

㉮ 문장의 경우, '놓여 있는 조건이나 놓이게 된 형편이나 사정'이란 뜻을 지닌 '경우'라는 명사는 말 그대로 체언입니다. 그런데 문장 속에서 용언인 동사 '낫다'의 비교 대상으로 한정되어야 하기 때문에 '부사어'가 되어야 올바른 문장이 됩니다. 그래서 그 자격을 갖추도록 부사격조사 '에'를 넣어 '이번 정책을 우선시할 경우에는 재량권보다 법률 남용을 명기하는 게 낫다'로 써야 맞는 문장이 되는 것입니다.

㉯ 문장의 경우에도 '나에게 달라고 사정할 때는 언제고, 내가 요청할 때는 모른 척한다'에서 앞선 절의 '때는' 나에게 달라고 사정한 특정한 때를 뜻하기 때문에 '때는'으로 쓰는 게 맞지만 뒤 따르는 절에서 '때는'에는 내가 요청하는 것을 모른 척하는 시간적 위치를 한정하기 때문에 부사어가 되어야 하므로 부사격조사 '에'를 붙여 '내가 요청할 때에는'이라고 써야 올바른 문장이 됩니다.

㉰ 문장은 어떤 문법 해설서에서 그대로 인용한 문장인데 자신들도 틀리게 적고 있습니다. '어떤 단체나 기관이 주어일 때는 주격조사로 쓰이기도 한다'에서 '~주어일 때는'이란 문장 의미상 그것이 주어로 쓰이는 특정한 시간을 말하는 게 아닙니다. 뒤에 서술어에 보이는 '쓰이기도 한

다'는 용언을 한정해 주고 있는 것이지요. 따라서 마찬가지로 '때'라는 체언이 용언을 한정하지 못하기 때문에 부사격으로 바꿔 부사격조사 '에'를 넣어 줘야 맞는 문장이 되는 것입니다.

㉣ 문장 역시 '그들이 지금 그렇게 주장하는 데는 지난 정부의 미지근한 태도도 원인이 있다'에서 '데는'은 그들이 주장하는 어떤 장소를 얘기하는 게 아닙니다. 서술절 전체를 한정하는 부사어가 되어야 의미가 통합니다. 그래서 의존명사인 체언 '데'에 부사격조사를 붙여 '데에는'이라고 써야 합니다. 또 뒤 서술절에서도 '미지근한 태도'에 원인이 되는 무언가가 있느냐 없느냐 하는 것이기 때문에 용언인 형용사 '있다'를 한정하는 것이 되어야 합니다. 따라서 '태도'라는 명사를 부사어로 만들어 '태도에도'라고 써야 맞는 문장이 되는 것이지요. 이렇게 부당하게 생략됨으로써 오문을 만들기도 하지만 부사격조사를 부적절하게 써서 문장 성분 간의 관계를 잘 알 수 없는 일도 있습니다. 예를 들면 이렇습니다.

㉮ [지나치게 장소를 구애받지 말고 아무데서나 하세요.]
㉲ [층간 소음을 도저히 참을 수 없어서 마침내 윗집에게 강력하게 항의했다.]

위 문장들도 맞는 문장 같지만 모두 잘못된 것입니다. ㉮ 문장에서 '구애받다'라는 서술어는 '어디에'에 해당하는 '아무데서나'와 호응을 이루어야 바른 문장이 됩니다. 그래서 '장소를'이 아닌 '장소에'로 바꿔 써야 합니다. 또 ㉲ 문장에서는 윗집이 무정명사이기 때문에 '윗집에'라고 써야 합니다. '에게'를 쓰려면 '순이에게 물을 주었다', '고양이에게 참치를 주었다'에서처럼 유정명사에만 쓸 수 있습니다.

교착어의 특징을 지닌 우리말은 문법 기능을 담당하는 요소인 조사와 어미가 풍부하게 발달해서 그 기능과 쓰임새를 제대로 헤아리고 밝혀내는 것은 사실 전문가들에게도 어려운 일이기는 합니다. 그럴수록 정해진 위치에서 정해진 노릇을 하는 부사격조사를 조금만 더 신경 써서 새겨두면 더욱 아름다운 우리말글 동네를 가꿀 수 있지 않을까요?

뵈다, 뵙다, 봬다

잘 알다시피 우리말에는 '경어법' 또는 '존대법'이 무척 발달해 있습니다. 경어법은 보통 용언의 규칙적 활용에 따라 문장의 주체를 높이는 '주체 높임법'과 상대편을 대우하여 표현하는 '상대 높임법'이 있지요. 주체 높임법은 용언의 어간에 높임의 어미 '-(으)시-'를 붙임으로써 이루어지고, 상대 높임법은 '하십시오, 하오, 하게, 해라, 해' 체의 어미 가운데 하나를 선택해서 이루어집니다.

그리고 특별한 어휘를 써서 남을 높이거나 자기를 낮추어 상대편을 존대하는 방법이 있습니다. 예컨대, '진지, 댁, 자당, 가친, 주무시다. 계시다, 잡수시다, 드리다, 뵙다, 여쭙다', '귀교(貴校), 영손(令孫), 옥고(玉稿), 소생(小生), 졸고(拙稿), 비견(鄙見)' 등과 같은 낱말로 존대나 겸양의 뜻을 나타냅니다. 한마디로 존귀한 사람에 대한 아랫사람의 동작이나 상태를 표시하는 것이지요. 철저한 신분 사회이던 근대 이전에는 경어법 가운데에서도 겸양법이 잘 발달했지만 현대어에 이르러서는 '말하다, 보다, 드리다' 등에 그 흔적이 남아 있을 뿐입니다.

그 가운데 요즘 방송 자막을 보면 동사 '보다'의 겸양어인 '뵙다'와 '뵈다', '봬다'를 '되'와 '돼'만큼이나 자주 헷갈려 쓰는 것을 알 수 있습니다. 먼저 규칙을 얘기하자면 '뵙다'는 자음 어미 앞에서만 쓰고, 모음 어미나 매개 모음 어미 앞에서는 '뵈다'를 씁니다. 그러니까 '선생님을 뵙다'나 '나중에 뵙겠습니다' '다음에 뵈요' 하는 형태로 쓰는 것은 바르지 않습니다. 웃어른을 만나보겠다는 의미로 쓸 때에는,

[다음에 뵈어요] (○)

[다음에 봬요] (○)(준말)

[다음에 뵙겠습니다.] (○)로 써야 맞습니다. '뵈요'의 경우, 어간 '뵈-' 뒤에 어미가 붙지 않고, 바로 보조사 '-요'가 붙을 수 없는 것입니다. 또 겸양이 아닌 '저래 봬도, 이래 봬도' 하는 형태로 쓸 때에도 주의해야 합니다. 그 경우 '보다'의 피동형이 '보이다'이고, '보이다'의 준말이 '뵈다'입니다. 여기서 '뵈다'의 어간은 '뵈-'인데 '-어도'는 우리말에서 가정이나 양보를 나타내는 어말어미인 것이지요. 즉, 어간 '뵈-'에 가정이나 양보를 나타내는 어말어미 '-어도'를 연결하여 '뵈-어도'가 되는 것입니다. 한글 맞춤법 제35항 붙임 2에는 "ㅚ' 뒤에 '-어, -었-'이 어울려 'ㅙ,ㅙㅆ'으로 줄 적에는 준 대로 적는다."라고 규정되어 있기 때문입니다.

이 항의 적용을 받아, '저래 봬도', '이래 봬도' 하는 식으로 줄여 쓸 수 있는 것이지요. 따라서 '뵈도'나 '봽다'는 맞는 표기가 아닙니다. 또한 활용형으로 쓸 때에도 같은 원리로 '뵙다', '뵙게', '뵙는', '뵐', '뵈니' 등으로 쓸 수 있어도 '뵙을', '봬으니', '뵙은' 등으로는 쓸 수 없습니다.

접속부사
제대로 다루기

접속부사는 한마디로 낱말과 낱말, 또는 문장과 문장을 이어 주며 그 낱말이나 절, 그리고 문장이 의미론적으로 서로 어떤 관계를 맺는지 나타내 줍니다. 그래서 하나의 문장에 둘 이상의 접속부사가 등장하는 일은 거의 없습니다. 다시 말해 다른 의미를 지닌 접속부사 둘이 한 문장에서 기능하면 언어 관습상 의미의 충돌이 생겨날 것이 뻔하기 때문이지요. 또 둘이 비슷하거나 중복되는 의미를 지니고 함께 등장하면 군더더기가 되기 십상입니다.

물론 한 문장에 둘 이상의 접속부사가 등장하는 일이 아주 없는 것은 아닙니다. 우리말에는 접속부사와 유사한 기능을 지닌 문법 요소인 접속조사와 연결어미가 있기 때문입니다. 실제로 우리 말글살이에서는 연결어미와 접속부사어를 함께 써서 절과 절 사이의 의미 관계를 좀 더 분명하게(때로는 군더더기로) 나타내 줄 수 있습니다. 예를 들어 보겠습니다.

㉠ [순이는 정상 등정에 성공했지만, 그러나 사진을 찍지 않았다.]

㉡ [철수는 강릉에 갔는데, 왜냐하면 애인과 경포대에 놀러 가기로 했
기 때문이다.]

㉠은 연결어미 '–지만'과 접속부사 '그러나'가 군더더기로 함께 쓰인 예
입니다. ㉡은 연결어미 '–는데'와 접속부사 '왜냐하면'이 설명의 기능으로
함께 쓰인 예입니다. 우리말 문장에서는 절과 절이 어떤 의미 관계를 지
니는지 규명해 주는 연결어미가 발달해 있어서 연결어미와 접속부사가
같이 등장하는 것은 보통 군더더기로 보기도 했습니다. 그러나 ㉡에서
보이듯 연결어미와 접속부사가 같이 등장해도 늘 군더더기인 것만은 아
님을 알 수 있지요.

연결어미 중에는 절과 절이 의미상 어떤 관계에 놓이는지 명확하게 드
러내 주는 것도 있지만 어떤 연결어미는 그 의미 영역이 넓어서 절 사이
의 관계가 두드러지게 나타나지 않는 것도 있습니다. '–는데'가 바로 그
런 연결어미라 할 수 있지요. 그래서 화자가 앞선 절을 '–는데'로 끝낸
다음에 뒤 따르는 절을 시작하기 전에 두 절 사이의 관계를 좀 더 확실
히 해 주기 위해 접속부사어를 다시 끼워 넣는 것입니다.

또, ㉠의 문장은 '그러나'라는 접속부사를 빼고 '순이는 정상 등정에
성공했다, 하지만 사진을 찍지 않았다'라는 두 개의 문장으로 나눌 수도
있습니다. 그런데 여기서 비슷한 의미이기도 한 '그러나'와 '하지만'이란
접속 부사의 역할에는 조금 차이가 있습니다. '그러나'와 '하지만' 모두 앞
문장과 뒤 문장의 내용이 서로 다르거나 상반되는 사실을 드러낼 때 쓸

수 있습니다. 그런데 '그러나'의 경우에는 앞과 뒤의 내용이 문장이 아니더라도 쓸 수 있습니다. 하지만, '하지만'의 경우에는 반드시 문장과 문장을 이어 줄 때만 쓸 수 있는 점에 유의해야 합니다. 예를 들어 보겠습니다.

[성순이는 숲을 좋아한다. 그러나 자주 가지는 못한다.]
('그러나'로 접속되고 앞뒤가 모두 문장인 경우)
[12년 만의 외출, 그러나 돌아온 것은 절망감뿐이다.]
('그러나'로 접속되고 앞뒤가 문장이 아닌 경우)
[민경이는 굳게 마음먹고 산을 올랐다. 하지만 정상에 다다르지는 못했다.]

그런데 '그러나', '그러면', '그런데', '그래서', '그러니' 등의 '그' 계열의 접속 부사는 글말에서 더 잘 어울리고 입말에서는 '하나', '하면', '한데', '해서', '하니' 등으로 바꿔 쓰는 게 편합니다. 이따금 사극 등에서 '허나', '헌데', '허면' 등으로 발음하기도 하는데 언어 습관에 의한 것일 뿐 표준어는 아닙니다.

부정문을
어떻게
써야 할까

우리말 문장에서 부정을 나타낼 때에는 어떻게 해야 바른 것일까? 글쓰기 공부를 하거나 수험을 앞둔 학생들이 결코 간단히 지나칠 수 없는 질문일 터입니다. 왜냐하면 잘못된 언어 습관으로 널리 퍼진 부정문 사용법이 적잖이 우리를 혼란에 빠뜨리고 있기 때문입니다.

부정문이란 한마디로 긍정을 나타내는 내용의 의미를 부정하는 문법 기능을 말합니다. 우리말에서는 대체로 부정부사 '아니(안), 못'과 부정보조용언 '아니하다, 못하다'를 써서 부정을 나타낼 수 있지요. 또 명령, 청유문에서는 '말다'가 쓰입니다. 간단히 예를 들면 이렇습니다.

[순이가 가네.] (긍정)→[순이가 안 가네.] (선행 부정)
[순이가 가지 않네.] (후행 부정)
[순이야 가라.] (명령)→[순이야, 가지 말아라.] 〈순이야 가지 않아라 (×)〉

그런데 어떤 바람을 나타내는 절을 부정할 때에는 〈−지 않다〉와 〈−지 말다〉 형태를 모두 쓸 수 있습니다.

[순이가 집에 갔으면 좋겠어.]→[순이가 집에 가지 않았으면 좋겠어.]
[순이가 집에 가지 말았으면 좋겠어.]

형식상으로만 보면 우리말 문장에서 부정문은 오로지 '안(아니)', '못'이 나타나느냐 여부에 따라 가려집니다. 그래서 '없다'나 '모르다' 등 부정적인 뜻을 지닌 어휘가 쓰여도 그 문장은 긍정문입니다. 다만 이중부정문은 의미상 긍정문이지만 '안'이 쓰였으므로 부정문이 됩니다. 또한 불(不), 비(非), 무(無) 등의 부정을 나타내는 한자 접두사가 쓰였다고 하더라도 긍정문이 됩니다.

부정문에서 흔히 잘못 쓰는 것은 서술격조사 '이다'를 부정할 때입니다. 서술격조사 '이다'를 부정할 때에는 형용사 '아니다'를 써야 하는 게 어법에 맞습니다. 예컨대, '그 사람은 선생이다'라는 문장의 부정문은 당연히 '그 사람은 선생이 아니다'라고 써야 맞습니다. 그런데 젊은 사람들이 주로 설의법으로 쓸 때에 '그 사람은 선생이지 않아?' 하는 형태로 쓰곤 합니다. 또 언론에 글줄이나 쓴다는 사람들조차 '그들의 폭력은 공권력의 남용이 아닌가?'라는 말을 '그들의 폭력은 공권력의 남용이지 않은가?' 하는 형태로 곧잘 쓰곤 합니다.

특히 '−적'이 붙은 말을 부정할 때에 너나 가릴 것 없이 '그 신랑은 가정적이지 않아(×)' '이 정권은 지극히 민주적이지 않다'(×)라는 형태로 쓰는 것이 유행병처럼 번지고 있습니다. 예를 든 문장은 '그 신랑은 가정적이 아니야'라든지 '이 정권은 지극히 민주적이 아니다' 해야 맞습니다. 왜 이런 현상이 벌어지느냐 하면 후행 부정 요소인 '—지 않다'는 동사 '알다'와 서술격조사 '이다'를 제외한 거의 모든 용언과 자연스럽게 어울릴 수 있기 때문입니다. 그렇다 하더라도 서술격조사 '—이다'를 부정하는 문장에는 반드시 '아니다' 형태로 써야 할 것입니다.

정말
'짜증' 나는 말

또 듣고야 말았습니다. 정말 '짜증' 날 정도로 요즘 자주 듣게 되는 말이 '짜증'입니다. 특히 젊은층의 대화를 듣다 보면 부정적 정서를 표현할 때 거의 무차별로 이놈의 '짜증'이 동원되는 것을 볼 수 있습니다. 다시말해 '짜증', '짜증나다'라는 말이 유행어에 가깝게 쓰이는 것을 반증하는 것이지요. 요컨대, 어느 한시기에 새로 생겨났다거나, 발음 형태가 두드러지는 등 말 자체가 재미있어서 두루 쓰이는 다른 유행어와 달리 '짜증나다'는 말은 그야말로 '짜증나'는 사회상이 민감하게 말글살이에 반영된 말이라 할 수 있습니다.

'짜증나다'가 실생활에서 폭넓게 쓰이게 된 시기에 대해서는 객관적인 조사 자료가 있는 건 아니지만 개인적으로 우리나라가 IMF 구걸 경제체제로 들어가던 때를 전후해 급속도로 번지던 것을 피부로 느끼고 있습니다.

한보, 기아 사태 등을 거치면서 정치인들의 뇌물 커넥션이 늘 신문 머리기사로 장식되고, 기업들의 부도 행렬이 이어지는 가운데 고용이 불안정한 상태에서 '명퇴'니 '조퇴'니 하는 유행어와 함께 젊은층을 중심으로 퍼져가던 말이 바로 '짜증나다'라는 말이었습니다.

경제고 뭐고 온통 '짜증나'는 현실이 언중의 말글살이에 적극 반영되는 것은 어느 시대에나 당연한 일입니다. 그런 측면에서 '짜증나다'는 유행어에 포함될 수 있지만 한편으로는 말글살이에 다양한 선택의 기회를 제공하는 유행어의 긍정적인 기능을 스스로 제한해 버리는 이상한 유행어이기도 합니다.

비슷한 말인 '싫증나다', '화나다', '성질나다' 등이 쓰이면 더 말맛을 살릴 수 있는 자리에서까지 모조리 '짜증나다'로 대체해 버림으로써 현실에서 느끼는 정서의 표현 영역을 줄여 버리는 것이지요. 복잡한 걸 싫어하고 모든 걸 단순화해야 직성이 풀리는 세태가, 마치 '다르다'고 표현해야 할 경우를 '틀리다'라고 표현해 버리는 것처럼 말글의 올바른 연상 작용까지 막고 있는 셈입니다.

그런 까닭에 분별없이 무조건 '짜증나다'를 쓰는 건 우리말 사랑 차원이 아니더라도 그리 바람직한 언어 현상은 아니라고 봅니다. 더욱이 일부 아이들은 '짜증'이라는 말 자체도 줄여서 '짱난다'라고 표현함으로써 이 말을 아예 자기들끼리 은어화해 버리기도 합니다. '짜증'이란 말은 '마음에 달게 여겨지지 않다'라는 뜻의 '짜다'라는 순우리말이 '어떤 병의 성질'을 뜻하는 '증(症)'이라는 한자어와 결합되어 '북받치는 역정이나 싫증'을 나타내는 명사가 된 말입니다.

그렇듯 특별히 연관성 없는 순우리말과 한자어 사이에서 일어난 이 같은 결합 현상을 언어학에서는 '융합'(syncretism)이라고도 하는데 비슷한 예로서 '싫다'와 '증'이 결합한 '싫증'이 있으며, 다른 예로는 명사 '쌀'과 가게를 뜻하는 한자 '전(廛)'이 결합된 '싸전', 제방을 뜻하는 한자어 '보(洑)'와 명사 '물'이 결합된 '봇물' 등이 있습니다.

틀리게 쓰는
〈틀리다〉에 관한
짧은 생각

젊은 세대 나이든 세대 가릴 것 없이 우리 주변을 둘러보면 입말에서 본디 뜻과 끊임없이 틀리게 쓰는 말이 '틀리다'입니다. 하도 많은 사람이 오락가락하며 틀리게 쓰니까 언젠가는 생판 다르게 뜻이 바뀔지도 모를 일입니다. 비록 그런 생각이 틀린 것이라도 그것을 고칠 만한 다른 방법이 없는 것처럼 보이기도 합니다.

무척 쉬운 낱말이다 보니 사실 '같지 않다'는 뜻의 '다르다'와 '어긋나거나 맞지 않다'는 뜻을 지닌 '틀리다'가 다르다는 사실을 모를 사람은 없을 것입니다. 그런데도 아주 자연스럽게 너나없이 말글살이에서 '다르다'를 써야 할 위치에 '틀리다'를 쓰니까 곰곰이 그 까닭을 짚어 보지 않을 수 없습니다.

'틀리다'를 마구 쓰는 게 순전히 표현의 편의성을 좇는 대중의 언어 습관으로만 보기에는 어딘지 미심쩍은 구석이 있는 것입니다. 우리가 일상에서 하는 말이 언제나 문법 체계에 맞는 건 아니며, 말을 통해 드러내는 세계가 꼭 진실과 일치하지 않더라도, 뻔히 뜻을 아는 '다르다'를 무의식중에 '틀리다'라고 말하는 것은 그렇게 말하도록 말을 지배하는 어떤 사고 작용이 있지 않나 생각하게 만듭니다.

말은 어차피 말하는 사람 자신이 만들어낸 것은 아니고, 이미 사회적인 도구로써 객관적인 구조를 지니고 있는데, '틀리다'라는 말은 주로 어떤 사실, 또는 관념에 대한 이분법적 선택의 한 기준으로 흔히 제시되는 낱말이지요.

'틀리다'의 반대말이 '맞다' 이외에는 뾰족한 낱말을 떠올리기 힘들 듯이, 우리의 사고가 그동안 냉전 체제 아래 군사 정권의 오랜 이분법적 통치 이데올로기에 젖은 나머지 사고의 모든 판단 기준을 '맞다' 아니면 '틀리다'로 무의식중에 맞추는 게 아닐까 하는 의심을 조심스럽게 해 봅니다.

'다르다'는 이미 얘기한 대로 '어떤 것과 같지 않음'을 이르는 낱말입니다. 즉, 객관적 사실이나 대상에서 어떤 차이점을 가늠하는 인식의 창조 과정을 한 번 더 거쳐야 하는 게 '틀리다'와 다른 점이지요. '틀리다'보다는 아무래도 낱말로써 감각적인 선택의 거리가 멀리 있는 것처럼 보입니다. 군부 독재 시대가 지난 지 오래인 요즘에는 '검은' 게 아니면 '흰' 것을 강요받는 환경으로부터는 어느 정도 벗어났다고 말할 수 있겠지만 우리의 사고는 아직도 '다르다'를 '틀리다'라고 해야 할 만큼 과거의 '틀린' 생각에서 '달라'지지 않았는지 살펴볼 일입니다.

장맛비?
장마비?

문 요즘 궁금한 게 있어요. 장마비가 왜 갑자기 장맛비가 된 것인지. 애당초에 제가 잘못 알고 있던 것인지. 기상 캐스터까지 장맛비라고 쓰는걸 보면 장맛비가 표준어인 것 같은데 과거에 쓰인 어느 소설 속의 장마비는 그냥 장마비인 걸 보면 과거엔 장마비가 맞는 말이었던 것도 같고 도통 왜 그리되었는지 속내를 모르는 저는 소외감까지 느끼고 있는걸요.

답 뭐, 기상 캐스터가 '장맛비'라고 써서 표준어인 것은 아니고요. 왜냐하면 그 애들도 맞춤법에 어긋나거나 바르지 않은 어법을 사용하는 적이 많거든요. (예를 들면 어제보다 많은 강우량이 예상되겠습니다… 하는 따위)

한글 맞춤법 사이시옷 규칙에 따라 '장맛비'가 예나 지금이나 맞는 표기입니다. '장마+비'로 된 순우리말 합성어로서 뒤 음절이 된소리로 발음되기 때문이죠. '장마비'로 쓰는 것은 말하는 주체의 발음 습관에 따라 그렇게 표기할 수도 있습니다. 그래서 딱히 틀렸다고는 할 수 없다는 게 내 생각입니다. 나 역시 '장마삐'보다는 '장마비'로 소리 내는 경우가 흔하거든요.

사이시옷을 잘 인정하지 않는 북한에서는 '장마비'를 아예 맞는 표기로 하니까 뭐, 어떤 언어관습에 따라 정하느냐에 달려 있습니다. 맞춤법 원칙에 따라 언어질서를 지켜나가는 건 중요하지만 때로는 실제 말글살이와는 괴리된 경우도 적지 않아요. 예컨대 '노래방' 같은 경우 그 어느 누가 '노랫방'이라고 맞게 표기하며 '노래빵'이라고 발음할까요? 가장 좋은 것은, 언어강박주의자 외엔 누가 뭐랄 사람 없으니까 그냥 발음하기 편한 대로 언어 관습에 따라 꼴리는 대로 표현하는 것이에요. 그러다 보면 안 그래도 답답한 세상에 굳이 맞춤법 규칙 따위에 억압당하며 소외 감까지 들 이유는 없겠지요.

재미있는
아이러니

틈만 나면 터져 나오는 일본 우익 인사들의 철없는 한마디가 여전히 일제 강점기 시절의 쓰라린 상처를 안고 사는 우리 머릿속을 헤집어 놓는군요. 그들 발언의 진위 여부를 떠나서 이후에 벌어지는 여러 정황을 보며 '일본' 아니 좀 더 정확하게 얘기하면 '일본 제국주의 강점기 시절'은 우리 민족에게 그 시절을 겪지 못한 사람에게까지 정말 고질적인 트라우마가 되고 있다는 사실을 쉽게 떨쳐 버릴 수 없습니다.

그 민족적 트라우마의 빠른 치유와 극복을 위해서도 더 늦기 전에 위안부 문제 등 과거사에 대한 명백한 규명과 조사에 저는 물론 찬성입니다. 그러나 우리가 극복하고 청산해야 할 '일제의 잔재'는 역사적 사실이나 친일 문제에만 있는 게 아니고 우리가 날마다 쓰고 말하는 '말글' 속에도 버젓이 있습니다.

더러는 이렇게 얘기하기도 합니다. 많은 사람이 이미 쓰기 때문에 입과 귀에 익은 말들은 비록 이전에는 바른 말본의 틀에서 벗어나 있더라도 그 쓰이는 테두리를 넓히거나 예외 규정을 두어 정상적인 맞춤법 범위 안에 들도록 허용하자는 것이지요.

물론 틀린 얘기는 아닙니다. 어차피, 우리가 보편적으로 일상에서 쓰는 말이라는 게 언제나 쓰기 편한 대로 바뀌면서 발전하게 마련이고, 그것을 적극 반영, 또는 보완해 더욱 우수한 말글로 우리말을 가꾸고 키워 나가는 게 말본이기도 하니까.

들머리가 좀 길어졌는데, 아무리 많은 사람이 쓴다고 해도 결코 그 문법적인 쓰임을 양보할 수 없는 게 있습니다. 그것을 허용하면 우리말본의 정체성이 흔들리기 때문이죠.

예를 들면 이런 경우입니다. 동사나 형용사 '있다' '없다', 또 '계시다'의 어간, 그리고 '았' '었' '겠' 아래에 붙어 자기 자신의 의심이나 하게 할 자리에 물음을 나타내는 종결어미 '-ㄴ가', '-는(은)가'가 있습니다.

'-는가'와 같은 뜻으로 쓰이는 우리말 어미에는 '-는지'가 있는데, '-는지'는 종결어미와 연결어미로 함께 쓸 수 있지만, '-ㄴ가' '-는가'는 우리말에서 반드시 문장의 끝에서만 써야 하는 종결어미입니다. 그럼 예문을 한번 보겠습니다.

[이보희는 어디서 무엇을 하는지?] (종결어미)

[류현진이 몇 승을 거두었는지 아십니까?] (연결어미)

[오늘의 유머 게시판이 왜 그리 시끄러워졌는지 모르겠다.] (연결어미)

[로또는 언제쯤 당첨되는가?] (종결어미)

[아버지는 아들이 구속될지도 모르는데 어디쯤 계시는가?] (종결어미)

그런데, 어찌된 일인지 요즘에는 연결어미 '−는지'를 써야 할 자리에 종결어미 '−는가'를 쓰는 것을 쉽게 찾아 볼 수 있습니다.

[누가 정말 친일을 했는가를 가려내 보자.] (×)

[방송에서 누가 헛소리 하는가를 지켜보자.] (×)

[얼마나 희숙이가 보고 싶었는가를 모르는군.] (×)

[진짜 애국이 무엇인가를 알아야겠다.] (×)

예문에서 보이듯이 연결어미로 쓰인 '−는가'에는 한결같이 엉뚱한 목적격 조사 '를'이 붙어 있는 것을 볼 수 있습니다. 왜냐하면 애당초 종결어미인 '−는가'만을 문장 중간에 홀로 붙이면 말이 어색해질 건 뻔하니까 그런 왜곡된 현상이 벌어진 것이지요.

누구나 잘 아는 조사 '를'은 우리말에서 받침 없는 체언에만 붙어 목적격을 만드는 목적격조사라는 건 초등학교 국어만 배워도 다 아는 얘기 아니던가요? 한마디로 말본의 원칙이 무너지고 있다는 얘기입니다. 이것 역시 일본말의 영향 때문이라는 것은 조금이라도 일본말을 공부해 본 사람이라면 쉽게 이해가 될 터입니다. 일본말에서는 의문종결형이나 확실치 않은 추정을 나타낼 때 모두 −까〈が〉로 쓰고 있는 것이지요. 지식인이라는 사람들이 분별없이 우리말의 종결어미와 연결어미의 쓰임을 뒤섞어 버린 탓에 생겨난 어색한 말버릇인 것입니다. 재미있는 아이러니가 아닐 수 없습니다. 한쪽에선 일제 잔재 청산을 주장하며 미워하면서도 말은 함부로 들여와 써도 된다는 얘기인지 자못 궁금할 따름입니다.

여기서 내가 제기하는 문제는 이런 것입니다. 무조건 일본말의 잔재나 수입된 번역 투의 말을 아예 쓰지 말자는 것은 아닙니다. 우리 언어 현실에서 그런 건 가능하지도 않을뿐더러 공연히 소모적인 다툼만 늘려서 오히려 언어생활에 혼란을 가중시킬 우려가 높습니다.

실제로 건설회사 홍보실에 근무하던 시절, 일본어가 태반인 현장 용어를 좀 순화해 보려고 사내 캠페인 형식으로 바로쓰기 운동을 전개해 본 적이 있는데 뜻이 아무리 순수해도 그게 얼마나 현장의 효율성을 무시한 책상물림적 발상에서 나온 횡포인지 깨닫는 데에 그리 오랜 시간이 걸리지 않았습니다.

우리가 쓰는 말과 글은 곧바로 우리의 현실이기 때문입니다. 내가 쓰는 말이 내 지적 토대를 이루고 있는 현실을 반영하듯 현장 노동자가 쓰는 말은 곧 그들의 삶 자체이자 현실입니다. 따라서 현실의 조건이 바뀌지 않는데 무조건 고지 점령이라도 하듯 '나를 따르라' 하는 식이어선 바른 말 쓰기 운동이나 언어 순화운동 역시 저마다 그 주체의 이해관계에 따라 밥그릇 싸움으로 변질될 우려가 높은 것입니다.

사실 우리가 오늘날 아무렇지도 않게 문자로 쓰고 있는 '한글'이란 것의 낱말들도 현대어의 개념으로 본다면 나이가 1백 년밖에 되지 않습니다. 어차피 인문, 사회, 자연 과학 등 모든 분야의 단어들이 우리를 지배한 일본을 통해 번역돼서 쓰인 마당에 그것을 버리고 온전한 문장을 만들거나 말을 하기란 사실상 불가능합니다. 다시 말하면 그 말들이 우리 고유 언어 질서와 어울려 체계화되고 현실을 반영하는 단어로 쓰인다면 얼마든지 우리말로 수용할 수 있다는 얘깁니다.

그렇다고 했을 때, 바로 그 단어나 표현을 쓰는 주체의 태도와 허위의식을 나는 문제 삼는 것입니다. 주로 지식인이라고 불리는 사람들 말입니다.

왜 지식이 많은 것처럼 보이는 사람일수록 말글을 어렵게 쓰려고 할까요? 자신의 지식을 다른 이에게 알리고자 할 때에 좀 더 쉽고 자연스럽게 말글을 쓰는 게 그렇게 힘든 일일까요?

이런 의심이 들기도 합니다. 혹시 말글을 쉽고 자연스럽게 쓰면 글 쓰는 이의 품위가 사라질지도 모른다는 저열한 의식이 작용하고 있는 건 아닐까요? 지식인이기 때문에, 공부를 남보다 오래 하고 다른 나라 책을 많이 읽었기 때문에… 까다롭고 틀에 박힌 표현을 써야만 권위가 선다는 낡은 생각에 사로잡혀 있는 건 아닐까요?

표현 자유가 보장된 민주 나라에서 어렵게, 또는 쉽게 쓰든 달리 걱정할 문제는 아닐 테지요. 하긴 품위나 권위 따위도 글 쓰는 사람 자신의 인격에 맡길 수밖에 도리가 없습니다. 상대가 인정하지 않으면 그만이니까요. 어쨌거나, 그들이 쓰는 표현이 아무리 어렵더라도 어법에 맞고, 제대로 된 우리 말글의 쓰임새에 어울린다면 시비 걸 까닭이 없습니다.

그런데 어렵다는 글일수록 그 까닭을 들쳐 내 보면 내용의 난해함 탓도 더러 있지만 대개 문장, 낱말 관계의 오류나 번역 투의 어색하고 생경한 조어법이 주범이라는 데에 문제가 있습니다. 그거 일일이 따지다간 몇 해가 지날지도 모를 일입니다. 예를 하나 들지요. 평론이니, 논문이니, 기사니 하는 지식인들이 쓴 글을 통틀어 우리말 질서에 어울리지 않는 대표선수 가운데 하나가 바로 '―에 다름 아니다'입니다. 이를테면 이런 식이지요.

㉮ [솥뚜껑을 보고 거북이라 우기는 오류에 다름 아니다.]

㉯ [가장 주목해야 할 작가에 다름 아니다.]

㉰ [문학이란 이름으로 자기현시 욕구에 다름 아닌 낙서를 써 갈긴다.]

예전에 아이들 책 만드는 일 때문에 전국의 10살에서 16세까지 아이들이 쓴 글 2천여 편을 읽은 적이 있는데 그 어떤 글에서도 나는 '-에 다름 아니다'라는 표현을 본 적이 없습니다. 다시 말하면 어른들의 글에서만 나타나는 이상한 표현이라는 얘기지요. 그렇다면 우리말 어법에 맞지도 않는 그 말을 어디서 배워 왔을까요? 돌려 말할 필요도 없이 일본말을 그대로 따온 것이지요. 비교적 발달한 문법 체계와 말글 질서를 유지하고 있고, 표현에 모자람이 없는 우리말을 두고 구태여 일본식 표현을 써가며 멋 부리듯 군더더기를 붙이는 것이야말로 지식인의 허위의식과 맞닿은 일제의 잔재라는 얘깁니다. 그것이 우리말 어휘를 풍부하고 세련되게 하는 것도 아닌데 말이지요.

우리 고유 어법에서 '다름아니라'는 '딴 까닭이 있는 게 아니라'는 뜻을 가진 접속부사이지, 위의 예를 든 어색한 문장들처럼 문장 끝에서 서술어로 쓰이거나, 접속부사 이 외의 구실로 쓰이지 않습니다. 이것은 한국어의 문제점인 번역된 단어의 내적 자율성 상실과는 또 다른 문제입니다. 순전히 사용자의 임의적 태도와 관련돼 있기 때문입니다.

다음과 같은 예가 바르게 쓴 것입니다.

[이렇게 찾아 온 것은 다름아니라 네 녀석이 보고 싶어서야.]

또한, '다름 아니다' 앞에 붙는 부사격조사 '에' 역시 우리 말글에서 다음과 같이 쓰임이 정해져 있습니다.

㉮ 공간 시간적 위치,

㉯ 행동의 지향점

㉰ 행동이나 규율의 기준점,

㉱ 수량,

㉲ 행동의 원인,

㉳ 상태,

㉴ 동등한 자격의 열거 등에 쓰입니다.

예 [게시판에 많은 글이 올라 있다. / 5시에 와라.] (공간 시간적 위치)

[학교에 간다.] (행동의 지향점)

[인습에 어긋나다.] (행동이나 규율의 지향점)

[식구가 셋에 불과하다.] (수량)

[대포 소리에 놀라다.] (행동의 원인)

[그것은 헛된 망상에 지나지 않아.] (상태)

[배추에 열무에 가지에 야채를 잔뜩 사 가지고 왔다.]

(동등한 자격의 열거)

즉, 어느 경우에서도 '←에 다름 아니다'를 쓰임새에 맞게 설명할 구석이 없다는 얘기입니다. 억지로 붙인다면 ㉳ 정도에 가깝겠는데, 없는 규칙까지 애써 만들어가며 우리 말글의 질서를 해칠 필요는 없는 것입니다.

그뿐만이 아닙니다. 일본 대중문화 개방의 여파로 우리 말글살이에 어른 아이 할 것 없이 급속도로 번지는 게 일본식 어미 사용입니다. 당장에 블로그의 포스트는 물론이고 실생활에서도 특히 젊은 층을 중심으로 아무 거리낌 없이 일본식 어미 쓰는 것을 보는 건 이제 어려운 일이 아닙니다. 예를 들면 이렇습니다.

[내가 이렇게 말하면 혼나지 않을까나.]

[얼마나 기다릴까나.]

[그 애를 다시 만날 방법이 없을까나.]

[푸른 산언덕을 눈 아래 보았을까나.] (문학상을 탄 어느 시인의 시 한 구절입니다)

[방금 학원에서 남친 만났다요.]

[언니한테 그렇게 말한 거 미안하다요.]

물론 우리말 어미와 일본말 어미는 비슷한 게 많습니다. 사실 일제 강점기 시절을 거치면서 다양하게 쓰이던 우리말 종결어미가 거의 '다'로 바뀐 것도 일본어의 영향이라는 주장도 있지만 그건 문어체 문장에 국한된 것이었는데 이젠 일상의 말글살이에서까지 일본말이 끼어든 것이죠.

우리말에서 의문형 종결어미에는 '~ㄹ까'와 '~을거나' 등이 있습니다. '~ㄹ까'는 '이다'의 어간이나 받침 없는 용언의 어간, 'ㄹ' 받침인 용언의 어간 또는 어미 '–으시–' 뒤에 붙어 현재 정해지지 않은 일에 대한 물음이나 추측을 나타내는 종결어미이고, '~을거나'는 자신의 어떤 의사에 대하여 스스로 묻거나 상대편의 의견을 물어볼 때에 쓰는 종결 어미입니다. 여기에 해당하는 일본어 종결어미가 바로 '~까나'입니다.

'~다요' 역시 우리말에서는 불필요한 일본식 어미 '요'가 덧붙여진 형태죠. 일본식 어미 말고도 요즘 포토샵이 일반화되면서 '뽀샤시'라는 말이 유행하는데 우리말의 '뽀유스름하다'와 일본말의 '야샤시'(상냥하다, 친절하다, 자상하다)를 합성한 말이어서 그 말이 아무렇지도 않게 쓰이는 것을 보면 뒷맛이 영 개운치 않습니다.

특히 일본 드라마다 애니메이션의 유입과 함께 젊은 층을 중심으로 빠르게 확산된 '사스가', '간지' 같은 일본말은 거의 우리말이나 다름 없이 사용되며 우리말 영토를 이미 점령하고 있습니다.

좋은 것을 버리려는 습관

남용하는 시제

우리말과 인도 유러피언 계통 말의 차이점 중에 두드러진 게 시제입니다. 인도 유러피언 말의 시제는 대체로 일차원적인 하나의 흐름 속에 있기 때문에 현재보다 과거와 미래가 명확히 문장 속에 드러나야 합니다. 그래서 시간의 흐름에 따라 대과거, 과거, 현재완료, 현재(진행), 현재, 미래 등으로 나뉜 걸 우리는 제도교육 과정에서 영어를 배우며 몸서리치게 외워야 했지요.

그런데 우리말의 시제는 과거-현재-미래가 삶의 공간을 중심으로 연계돼 문장 속에서 살아 있는 시간이 됩니다. 그래서 말 속에서 훨씬 생동감을 불러오는 것이지요. 예를 들면 이렇다. 괄호 안의 말과 느낌의 차이가 어떤지 비교해 보겠습니다.

㉠ [며칠 전 일본 나가사키에서 지진이 났었다.] (지진이 났다)

ⓛ [어제 겨울을 재촉하는 가을비가 내렸었다.] (가을비가 내렸다)

ⓒ [순영이는 처녀 적에 아주 날씬했었다.] (날씬했다)

ⓔ [미숙이는 고등학교 때 문학소녀였었다.] (문학소녀였다)

위에 쓴 글들은 흔히 문장 속에서 볼 수 있는 표현인데 모두 과거시제를 만드는 선어말어미 '-었'이 들어가 있습니다. 과거에 그랬지만 현재에는 그렇지 않다는 뜻으로 '-었'이라는 과거시제가 들어감으로써 위 문장들은 명확히 현재와 더 단절된(과거완료) 느낌을 주는 것이지요. 바로 인도 유러피언식 문장의 특징이기도 합니다. 그런데 얼핏 읽어보면 모두 맞는 문장처럼 보이지만 우리말의 시제법으로 자세히 보면 어색한 것임을 금방 알 수 있습니다.

㉠의 경우 지진이란 건 한번 발생하면 다시 안 난 상태로 돌아갈 수 있는 게 아닙니다. 따라서 과거에 일어난 사실이라도 그냥 '지진이 났다' 해야 옳은 표현이 되지요.

㉡도 마찬가지입니다. 어제 내린 가을비는 과거 사실일지라도 언제 다시 내릴지 모릅니다. 그러므로 '가을비가 내렸다' 해야 훨씬 자연스럽습니다.

또 ㉢의 경우에는 조심해서 써야 합니다. 자칫 '날씬했었다'라고 쓰면 지금은 뚱뚱할 수도 있다는 말이 되기 때문에 상대에 따라 실례가 될 수 있는 것이지요. 그냥 '날씬했다'라고 하면 처녀 적에도 날씬했지만 지금도 날씬한 '기대'와 '희망'의 여지를 남깁니다. ㉣도 마찬가지입니다. 그게 우리말 표현의 특징인 셈이지요.

우리말의 좋은 특징을 버려두고 과거에 벌어진 일이라고 무분별하게 과거 시제 '–었'을 남용하다 보면 어색한 문장이 되는 것은 물론 경제적이지도 않습니다.

연도? 년도?
회계년도?
회계연도?

올해도 두 달밖에 안 남았군요. 곧 연말이 다가오겠지요. 연말이 다가오면 누구보다 바빠지는 분들이 바로 경리·세무·회계 담당자 여러분이 아닌가 합니다. 한해를 마무리할 때마다 반드시 결산이니, 정산이니 하는 골치 아픈 일들이 뒤따르니 말입니다. 하지만 아무리 골치가 아파도 바른 말을 써야 하는 걸 잊어서는 안 됩니다.

살림을 잘했거나 못했거나 어느 회사든 일정한 기간, 즉 한 해 동안 들어오고 나간 돈을 따져 셈을 해야 하고, 우리는 보통 그것을 '회계연도' 라고 이르지요. 우리나라에서는 편의에 따라 1월 1일부터 12월 31일까지를 '회계 연도'로 설정하고 있는 건 누구나 아는 사실입니다.

그런데 우리가 쓰는 문서를 보면 종종 '회계년도'라고 잘못 쓰는 것을 발견 수 있습니다. 결론부터 말하면 '회계년도'는 '회계 연도'로 써야 올바른 것입니다. '연도'라는 말은 모두 알다시피 우리말의 두음법칙에 따른 표기입니다. '여자'를 '녀자'라고 하지 않고 '예의'를 '례의'라고 하지 않는 것과 마찬가지지요.

남한의 경우 말글살이에서 비교적 두음법칙을 철저히 지키는 편인데도 '연말 연시'나 '회계 연도' 등을 쓸 때에는 곧잘 '년도'라고 틀리게 쓰고 있습니다. 거기에는 물론 까닭이 있습니다. '연말 연시'나 '회계 연도'를 모두 하나의 낱말로 보기 때문이죠. 그러나 애석하게도 이 말들은 합성어가 아닙니다. (우리말 말 만들기 방식에는 파생어와 합성어를 통한 것이 있는데 이에 관한 설명은 여기서는 생략하겠습니다.)

물론 '회계연도'는 '회계'에서 파생된 말이기는 하지만 뜻이 다른 두 개의 어절로 이루어진 용어입니다. 예컨대, '회계 감사', '회계 장부' 등처럼 '회계' 관련 용어가 많이 있는 것을 떠올리면 알기 쉬울 것입니다. 다만 우리의 언어 현실에서 '회계연도'는 금융 세무 등의 분야에서 하나의 낱말로 굳어진 전문용어로 인식되는 점을 고려해 붙여 쓰는 것을 허용하기도 합니다. 그러나 주의해야 할 것은 그럴 때에도 반드시 '회계년도'가 아니라 '회계연도'라고 써야 맞습니다.

한글 맞춤법 두음 법칙 규정(제10항~12항) 가운데 제10항의 [붙임2]를 보면, '접두사처럼 쓰이는 한자가 붙어서 된 말이나 합성어에서, 뒷말의 첫소리가 'ㄴ'소리로 나더라도 두음 법칙에 따라 적는다'라고 하면서, '남존여비', '신여성' 등을 용례로 들어 놓았습니다.

따라서 '회계 연도', '연말 연시', '설립 연도', '당해 연도' 등을 '회계연도', '연말연시', '설립연도', '당해연도' 등으로 붙여 쓰더라도 '년도'로 적지 않는 것입니다.

'너무'를
너무 쓰다 보면

오랜만에 어느 블로그에 놀러 갔다가 흥미로운 포스트를 보고 생각난 김에 떠들어 봅니다. 요즘 방송 등의 매체에서 너나할 것 없이 우리말 부사 '너무'를 너무 남용한다는 취지의 글인데 일단 나 역시 적극 공감하고 있습니다. 솔직히 말하면 공감 차원을 넘어, 말글을 다루는 일을 하면서 '너무' 자주 마주치는 것이라 한번 짚고 넘어가야겠다 하는 생각도 들었습니다.

말 그대로 '너무'는 어떤 '한계나 정도에 지나치게'라든지 정한 '분량에 넘게'라는 뜻을 지닌 부사어입니다. 다시 말하면 '넘다'라는 형용사 어간에 접미사 '-우'가 붙어 탄생한 것이지요.

그래서 '당신 정말 너무 요구하는 거 아냐?', '밥을 너무 먹었더니 소화가 안 되네' 'MB가 너무 정치를 못 하니까 사람들이 욕하는 거지'에서처럼 우리말 문장에선 대체로 부정적인 뜻을 담을 경우에 쓰입니다.

그런데 요즘에는 어느 매체이건 긍정적 의미를 담아야 할 곳에까지 '너무'를 남용하다 보니 본래의 쓰임새가 모호해지는 경우가 허다합니다.

예를 들어보지요.

> ㉠ [장동건은 너무 잘생겼다.]
> ㉡ [MB정권이 경제에 무능하다는 것은 너무 좋은 의견이다.]
> ㉢ [박 작가님은 글을 너무 잘 쓴다.]

㉠의 경우, 문맥 그대로 해석하면 장동건이 덜 잘생겨야 하는데 그 정도를 넘어서 불만이라는 뜻이 돼 버립니다. 그러길 바라는 팬이 없다고 가정하면 결국 틀린 표현이 돼 버리는 것이지요. ㉡의 경우, MB정권에 대해서는 경제뿐 아니라 정치, 사회, 문화 전반에 걸쳐 얼마든지 무능함과 관련한 사실이 넘칠 수 있으므로 그 '좋은 의견'에 한정이 있을 수 없습니다. ㉢의 경우에도 박 작가가 글 쓰는 것이 못마땅하지 않다면 '매우' 정도로 바꿔서 표현하는 게 훨씬 부드럽습니다.

그런데 이런 경우에는 '너무'의 쓰임새가 올바른 것이고 문제 되지 않으니 혼동하지 않길 바랍니다. 예컨대 '장동건이 너무 잘생겨서 눈을 뗄 수 없었어'입니다. 여기서는 잘생긴 것이 눈을 뗄 수 없을 정도라는 뜻이기 때문에 위에서 예를 든 ㉠의 경우와는 달리 올바르게 '너무'가 쓰인 것입니다.

이렇게 가려 쓰기 귀찮은 데에다, 편하다고 '너무'를 너무 쓰다 보면 풍요로운 어휘로 다양한 표현이 가능하던 우리말이 위축될 게 뻔합니다. '너무'의 자리에 들어가야 할 '매우', '아주', '몹시', '무척' 등의 친숙하고 정겨운 우리말 부사어들을 고어사전에서나 만날 날이 머지않았다는 얘기지요.

저는 '하다' 형님과 더불어 우리말 동사계의 쌍두마차로서 낮이나 밤이나, 괴로우나 즐거우나 묵묵히 제 자리를 지키며 여러분의 문장을 완성해 드리는 '되다'입니다.

그 엄청난 활약상에도 불구하고 눈만 뜨면 인터넷 게시판은 물론, 찌라시 언론, 텔레비전 자막, 영화나 드라마 자막 등에서 무분별하게 저를 장애인으로 만들어 버리는 오늘의 현실이 안타까워 더 이상 두고 볼 수 없는 나머지 이렇게 키보드 앞에 나서게 됐습니다.

잘 아시다시피 본디 자동사로 태어난 저는 국어대사전에만 150여 가지의 쓰임새가 소개될 정도로 동사계를 이끌고 있으며, 수틀리면 이따금 접미사로 변신해서 서술성을 지닌 명사 놈들 뒤에 달라붙어 모조리 '피동'의 뜻을 더하는 동사로 만들어 버리기도 한답니다.

그런데 문제는, 여러분이 우리말 사전에 호적도 못 올리는 '돼다'라는 녀석을 자꾸 저와 헷갈려 하며 제가 있어야 할 자리에 놈을 갖다 놓거나 제가 피곤해서 좀 쉬려고 하는데 자꾸만 녀석의 자리에 저를 기어코 끌어다 놓는 것입니다. 사정이 그렇다 보니 저로서는 이제 곤란한 정도를 넘어 미칠 지경이 아닐 수 없습니다.

그런 일이 자주 생겨나는 데에는 우리말의 질서와 가치, 그 바탕을 이루는 뼈대를 제대로 가르치지 못하고 시험 중심의 경쟁에 치우치는 어문 교육의 탓이 크긴 하지만 그래도 조금만 신경 쓰면 바르게 쓸 법도 한 것인데도 '귀차니즘' 때문에 무시해 버리는 여러분의 무신경함도 한 몫 한다고 생각합니다.

다시 한 번 분명히 말해 두지만, 보통 우리말에서 '만들어지다', '일정한 형태가 이루어지다' 정도의 뜻으로 쓰이는 '되다'는 저 혼자뿐임을 알려 드립니다. 그런데 사실 제 생김새가 좀 애매하긴 합니다. 제 몸은 자음 'ㄷ'에 단모음 'ㅚ'가 결합해서 '되'가 된 것인데 생김새가 그렇다 보니 여러분이 자꾸 복모음으로 착각해 발음상 '돼'를 쓰게 되는 것입니다.

그런 일이 생길까봐 어문 정책을 담당하는 방귀깨나 뀌는 양반들이 한글 맞춤법 규정을 만들 때에 'ㅚ' 뒤에 '-어, -었-'이 아울러 'ㅙ,ㅙ'으로 될 적에는 준 대로 적는다'는 원칙을 마련한 바 있습니다. 그래서 부사형 어미 '-어'나 '-어'가 선행하는 '-어서, -어야' 같은 연결 어미, 또는 과거 표시의 선어말 어미 '-었-'이 결합한 '되어, 되어야, 되었다'는 '돼, 돼서, 돼야, 됐다'의 모양으로 적도록 한 것입니다.

한마디로 어떤 자리에서든 '돼'란 녀석은 저의 준말 그 이상, 이하도 아니란 얘기입니다. 동사인 저는 어간 '되'가 홀로 쓰이지 않습니다. 반드시 문장 속에서 쓰일 때에 어미가 달라붙어야 합니다. 그러다 보니 '되+

어' 형태가 되고 맞춤법 규정대로 '돼' 꼴로 나타나는 것입니다.

여러분의 이해를 돕기 위해 예를 잠깐 들겠습니다.

㉠ [정말 잘 되니?]―동사로 쓰임

㉡ [정말 잘 돼(되어) 가니?]―'가니'를 꾸미는 부사형으로 바뀜.

㉢ [그러면 안 돼(되어).]―부사 '안'을 만나 '아니 되다'가 하나의 부사형으로 바뀜.

㉣ [잘 돼야(되어야) 할 텐데.]―'할'을 꾸미는 부사형으로 바뀜.

그러므로 ㉠의 경우처럼 단순히 동사로 쓸 때에는 '되다'가 되고, 부사형으로 바뀌어 다른 용언을 꾸미거나 스스로 부사어 구실을 할 때에는 ㉡, ㉢, ㉣에서처럼 전성어미 '어'가 붙은 뒤 준말인 '돼'로 쓰면 되는 것입니다.

이상과 같은 제 고백을 들으셨다면 이제부터라도 제가 가끔은 쉴 수 있도록 바르게 써 주기를 간절히 바랍니다.

잘못된 존대법

요즘 들어 잘못된 존댓말을 주변에서 듣는 건 누구라도 어려운 일이 아닙니다. 주로 마케팅이나 서비스 관련 분야에 몸담은 분들이 아무렇지도 않게 습관처럼 그리 말하는 것을 맘만 먹으면 언제든 접할 수 있으니까요. 하도 그렇게 쓰다 보니 잘못된 존댓말이 개그나 유머의 소재로까지 확대 재생산되어 우리말 질서를 어지럽히고 있습니다. 흔한 예로 어떤 제품에 관한 정보를 알기 위해 콜센터에 전화를 걸면 상담을 마친 뒤 어김없이 '(이 정보가) 좋은 도움 되셨기를 바랍니다' 하고 전화를 끊습니다. 상담을 해 주고 그 정보가 실제로 도움된 건 고마운데 상담원 말대로라면 '이 정보'가 문장의 주체인데 서술어에 주체 높임을 나타내는 '-시-'를 붙이는 것은 적절치 않습니다. 무생물인 '이 정보'는 도저히 높일 수 있는 대상이 아니지요.

아주 자주 접하는 것인데 이런 경우에도 마찬가지입니다.

순이 : 그럼 20일까지 납부할게요.

상담원 : 20일 말씀이십니까?

이 같은 경우에는 서술어 자체가 주어인 질문이기 때문에 주체 높임을 나타내는 선어말 어미 '-시-'를 쓸 필요가 없는 것이지요. 그냥 '20일 말씀입니까' 하면 됩니다. 우리말에서 존댓말로 높이는 대상은 보통 행위의 주체거나 객체입니다. 예컨대, '어르신께서 진지를 잡수신다'라고 했다면 '먹는 행위'의 주체인 '어르신'을 높이려고 한 것이지요.

그런데 이런 경우에는 좀 애매한 구석도 있긴 합니다.

㉮ [그 집에 선생님께서 있으셨다.]

㉯ [선생님에게는 성년이 다 된 따님이 있으시다.]

㉮와 ㉯ 가운데 어느 것이 바른 문장일까요? 정답은 ㉯입니다. '있다'의 존댓말은 잘 알다시피 '있으시다'와 '계시다'인데 '계시다'는 주로 동사로 쓰일 때의 높임말이고 '있다'는 형용사적 용법을 지닐 때에 '있으시다'라는 높임말로 쓰이는 것이지요. 그래서 ㉯가 바른 문장입니다. ㉮ 문장은 사람이 어느 곳을 떠나거나 벗어나지 않고 머무는 동사적 용법이므로 '계셨다'라고 써야 맞는 것이지요. 잘못된 존대법으로 최근 두드러지게 떠오르는 것 가운데 '있으시기 바랍니다'라는 형태의 기형적인 존댓말도 있습니다. 예를 들면,

[팬 여러분의 많은 응원 있으시기 바랍니다.]

[앞으로 고객 여러분의 많은 이용 있으시기 바랍니다.]

등으로 쓰는데 바로 일본말 'ありたく おねがいします'를 직역한 것이지요. 지금부터라도 쓰기를 자제해야 할 말입니다. 우리말의 존대법은 반드시 높임말을 써야 할 대상인데도 그것을 억제하고 상황에 따라 알맞게 써야 할 경우가 자주 생깁니다. 그렇듯 누가 봐도 무척 복잡하고 미묘한 존댓말이지만 바르게 써야만 높임을 받는 사람에 대한 예의를 비로소 갖추는 것입니다.

　지구상의 어느 나라건 온존하게 자기 나라 말을 지켜 간다는 것은 거의 불가능에 가깝습니다. 전쟁 때문이든 상거래 때문이든 나라끼리 언어가 접촉하는 것은 피할 수 없고 그런 가운데 언어는 서로 영향을 주고받기 때문입니다. 그 과정에서 아무래도 권력이나 기세의 힘이 큰 언어가 세력이 작은 언어를 간섭하게 마련이지요.

　그런 점에서 나라 규모나 어떤 면을 보더라도 꼬마에 지나지 않는 우리말이 무지막지한 세력을 지닌 영어에 끊임없이 간섭당하는 것은 여느 약소국의 그것과 다를 바 없습니다. 더욱이 분단과 6.25한국전쟁을 겪으면서 사회적 심리적으로 미국에 가까운 우리네 정서는 우리말 가운데 서양 외래어의 대부분을 영어가 차지하게 만들었습니다.

　특히 유학물 좀 먹고 방귀깨나 뀌는 기득권층이나 지식인 나리들의 우리말에 대한 무지 덕분에 본디 어법을 무시한 번역투의 문장이 아무렇지도 않게 우리네 말글살이를 점령한 지는 이미 오래입니다.

이제 와서 그것을 막거나 못 쓰게 할 도리는 현실적으로 없습니다. 일부러 멋을 부리거나 지식인인 척 뽐내려는 문장이 아니더라도 자기도 모르게 물들다 보니 어색하지 않게 번역투의 문장을 쓰게 되는 경우가 흔한 것이지요.

우리말에서 흔히 말하는 번역투의 문장이란 것은 대체로 통사적인 면에서 이루어지는데 따지고 보면 오늘날 우리가 지켜 쓰는 어법이란 것도 조선시대나 고려시대에 쓰던 것에 견주어 외국어나 다름없을 만큼 통사 구조가 바뀌어 가며 말글살이에 반영됐음을 떠올리면 크게 우려할 바가 아닌지도 모르겠습니다. 다시 말해 그 시대 문장을 보면 오늘날을 사는 우리에게 어차피 외국어나 마찬가지인 셈이지요.

그렇다 해도 무분별하게 번역투의 표현을 가져다 쓰는 것은 우리말의 정체성을 흐트러뜨리는 위험한 일입니다. 더욱이 바른 우리 어법을 무시하고 잘못된 어법을 바른 것인 양 쓰는 것은 아무리 그 표현을 쓰는 사람의 자유라 해도 고쳐야 마땅합니다.

오늘은 일단 숱한 영어 번역투 표현 가운데 요즘 들어 가장 부적절하게 쓰이는 두 가지 예를 짚어보겠습니다. 먼저 '가장 중요한 것의 중의 하나는'이라는 표현입니다. 요즘에 언론 매체는 물론이고 스포츠 중계, 텔레비전 교양이나 오락프로그램에서 너무나도 흔하게 그 표현을 들을 수 있습니다.

'가장'이란 부사는 여럿 가운데 정도나 세기가 으뜸이라는 뜻인데 무엇이 되었건 '으뜸'은 언제나 한 가지뿐입니다. '김연아는 세계에서 가장 탁월한 스케이터 가운데 하나이다' 하는 문장이 있는데 가장 탁월한 스케이터가 김연아 말고 여럿이 될 수는 없습니다. 그냥 '김연아는 세계에서 가장 탁월한 스케이터이다' 하면 됩니다.

또 하나는 '—곤 하다' 하는 표현입니다. 우리가 영문법에서 배운 'used to+동사의 원형'을 직역한 것인데 예컨대, '순이는 일할 때마다 자주 불평을 늘어놓곤 했다' 하는 문장의 경우에는 같은 일을 잇달아 잦게 하는 의미의 '자주'라는 부사가 있기 때문에 '순이는 일할 때마다 자주 불평을 늘어놓았다' 하면 됩니다.

가령, '순이는 술만 마시는 남편의 행동을 보곤 절망했다' 하는 문장에서 '곤'은 '고'라는 연결어미에 보조사 'ㄴ'이 붙은 것이므로 맞는 표현입니다. 그런데 '순이는 날마다 술만 마시는 남편의 행동을 보고 절망하곤 했다' 하면 어색한 표현이 되고 맙니다. '날마다'라는 부사어가 이미 같은 행동을 되풀이함을 나타내기 때문에 굳이 연결어미 '고'를 붙여 행동을 나눌 필요가 없기 때문이지요. 그냥 '순이는 날마다 술만 마시는 남편의 행동을 보고 절망했다' 하고 써야 우리 어법에 맞는 표현입니다.

앞선 글에서도 이미 언급했지만 우리 말글살이에서 번역투의 표현을
없애거나 못 쓰게 할 방법은 없습니다. 이미 굳어질 만큼 굳어진 데에다
그런 표현 방식을 오히려 자연스럽게 받아들이는 사용자의 습관을 하루
아침에 바꿀 도리가 없기 때문입니다.

심지어 우리나라 헌법 제1조 2항에 '대한민국의 주권은 국민에게 있
고, 모든 권력은 국민으로부터 나온다'는 번역투 표현이 버젓이 명문화되
어 있기까지 합니다. 과연 모든 권력이 국민에게서 나오는지의 진실성 여
부에 관계없이 '국민으로부터'라는 말에서 '부터'는 어떤 기원, 출처, 유래
등을 표현할 때 쓰는 from을 그대로 번역한 말이지요.

또 국립국어원에서 '부터'와 관련된 한 답변에서 든 예문처럼 '아버지로
부터 온 편지'는 일본말 '父から來た手紙(てがみ)'를 번역한 표현이기도 합니
다. 우리말에서 '부터'라는 말은 체언이나 부사어 또는 일부 어미 뒤에 붙
어 어떤 일이나 상태 따위에 관련된 범위의 시작임을 나타내거나 또는

어떤 일이나 행동의 처음 단계를 이루거나 그렇게 하게 하는 단계를 뜻하는 보조사입니다.

본디 우리말에서는 사람과 관련된 말에 '부터'를 붙여 쓰는 것은 '너부터 앞장서서 실천해라'라든지 '아이들부터 보호해야지요' 할 때처럼 어떤 차례의 시작이 될 때뿐입니다. 하지만 요즘에는 거의 무차별적으로 그냥 '~에게서' 하면 쉽게 뜻이 통하는 문장에서조차 너나 할 것 없이 '~로부터' 하는 표현을 즐겨 사용합니다. 그런 표현이 좀 더 폼이 나는지 어쩐지는 읽는 사람 맘이겠지요.

단순히 표현의 차이뿐 아니라 번역투 문장을 쓰다가 실제로는 오류가 되는 경우도 적지 않습니다. 교정 교열 일을 하면서 종종 마주치는 것이기도 한데 예컨대, '엘리자베스는 해질녘부터 창가에 앉아 다아시를 기다리기 시작했다'라는 문장에서 엘리자베스는 이미 해질녘부터 기다리는 일을 시작한 상태이기 때문에 우리말 문장에서는 굳이 '시작했다'라는 말을 중복해서 쓸 필요가 없습니다. '해질녘부터'에는 엘리자베스가 기다림을 시작한 것이 포함된 것이기 때문입니다.

또 하나 예를 들면 '알파 중대는 아침 아홉 시부터 공격을 시작했다' 하는 표현도 마찬가지입니다. 위의 문장은 그냥 '알파 중대는 아침 아홉 시부터 공격에 나섰다'나 '알파 중대는 아침 아홉 시에 공격을 시작했다' 해야 좀 더 우리말다운 표현이 됩니다. 누구나 그렇게 쓰니까 맞는 것처럼 보일지 모르는 보조사에 지나지 않지만 한번쯤은 우리말의 본디 쓰임새를 챙기는 것도 거창한 애국보다 소중할 때가 있을 것 같습니다.

우리말에서 발음하기 어려운 것으로 꼽자면 역시 'ㄹ'(리을)을 빼곤 얘기가 안 될 터입니다. 영어를 쓰는 동네에서는 혀끝소리인 'r'과 혀옆소리인 'l'을 잘 가려내서 하는 것 같은데 우리는 그다지 신경 쓰지 않고 되는 대로 소리 내기 때문에 영어를 배울 때에 애를 먹은 경험이 누구나에게 있을 것입니다.

따지면 머리 아프니까 우리는 그냥 언어 습관상 'ㄹ'이 음절의 처음에 올 때에는 혀끝소리를 내고, 음절의 끝에 올 때에는 혀옆소리를 냅니다. 사실 이마저도 딱히 완전한 것은 아닙니다. 예컨대, '아주 예쁜 애벌레구나' 했을 때에 '레'의 ㄹ(혀옆소리 l)은 음절의 처음에 왔는데도 혀옆소리인 '벌'의 'ㄹ'에 영향을 받아 혀끝소리가 아니라 혀옆소리를 내니까요.(슬쩍 한번 소리 내 보세요.)

이렇게 소리 내는 데에 까다롭다 보니 한글 맞춤법에서는 두음법칙(3장 5절 10항-12항)을 정해 낱말의 첫소리에 'ㄹ'이 오는 것을 막아 버렸지요. 그래서 'ㄹ'이 낱말의 첫소리로 오면 무조건 탈락시키고 발음하기 좋은 'ㄴ'으로 대체하도록 했습니다. 아, 그런데 'ㄹ'이란 녀석이 여기서 또 심통을 부리는 바람에 바뀐 'ㄴ'들 중에서 모음 'ㅣ'나 'ㅣ' 선행모음이 앞에 놓이면 'ㄴ'마저 'ㅇ'으로 탈바꿈 하지요. '력사→녁사→역사', '리발소→니발소→이발소' 이런 식으로 말입니다.

북쪽 동네 애들은 두음법칙이 없으니 '력사'를 '력사'라고 발음해도 괜찮겠지만 우리말에서 'ㄹ'은 낱말이 결합되는 자리에 따라 소리가 바뀌고, 심지어 '경노석'이 냐 '경로석'이냐, '실낙원'이냐 '실락원'이냐, '동구능'이냐 '동구릉'이냐를 따지며 '심리적 두음자리'까지 헤아려야 하는 판국에 이르렀지요.

그런데 'ㄹ' 이외의 받침 뒤에서는 'ㄹ'을 모두 'ㄴ'으로 소리 내지만 정작 앞 낱말의 받침이 'ㄴ'일 때에는 다시 'ㄹ' 발음이 살아나 '탄력→탈력', '잔류—잘뉴' 이런 식으로 소리 내야 바르게 쓰는 것입니다. 문제는 역시 일상적으로 쓰는 'ㄹ' 발음이면서 요즘 너나 할 것 없이 잘못 소리 내는 'ㄹ' 덧붙이기입니다. 예를 들겠습니다.

[학교에 갈려거든 일찍 가라.] (×)→가려거든
[바람 피울려면 피워봐.] (×)→피우려면
[먹을려면 가려 먹어라.] (×)→먹으려면

가정적 조건을 뜻하는 어미 '-려거든'이나 '-려면'은 '-려고 하거든', '-려고 하면'의 준말로서, 우리말에서는 모음으로 끝난 동사 어간이나 높임의 '-시-' 밑에 쓰여 종속적인 관계를 나타냅니다. 위의 예에서는 모두 불필요한 'ㄹ' 받침이 붙어 있습니다.

'ㄹ' 받침으로 끝나지 않는 어간에 받침이 있을 때에는 매개모음 '-으'를 넣은 다음 '-려거든', '-려는' 형태로 쓰면 됩니다.

밥을 먹을려거든→밥을 먹으려거든
벼를 심을려면→벼를 심으려면
범인을 잡을려면→범인을 잡으려면

그런데 다음과 같은 경우에는 리을 받침을 덧붙인 게 아니니 주의해야 합니다. 대개 리을 소리를 덧붙이느냐 마느냐의 헷갈림이 여기서 생겨나기 때문이지요.

[종을 흔들려거든(○) 망루에 올라가야 한다.]
[집을 만들려면(○) 먼저 땅을 파야 한다.]
[까불려면(○) 나가거라.]

위의 경우에는 리을 소리를 덧붙인 게 아니라 어간 자체가 리을 받침으로 끝나는 경우(흔들+려거든, 만들+려면, 까불+려면)이므로 맞게 쓰인 것입니다.

'고맙다'와
'감사하다'의
차이

내가 관여하는 출판 관련 모임의 한 분이 질문해 왔습니다.

"'고맙다'와 '감사하다'의 차이점을 가르쳐 주세요. 검색해 봐도 제대로 가려낸 것은 없는 것 같더라고요. 의미가 비슷하긴 하지만 분명 차이가 있을 텐데…"

맞는 얘기입니다. 당연히 차이가 있지요. 얼핏 생각하는 것처럼 '고맙다'와 '감사하다'는 동의어가 아닙니다. 그렇다고 전혀 다른 의미를 지닌 것도 아니지만, 두 낱말은 엄연히 어휘의 품사적 갈래가 다릅니다. 물론 두 낱말이 거의 동일한 문장처럼 쓰일 때도 있긴 합니다.

가령 우리 모임의 정기회의에 회장이 인사말을 하며,

'정모에 참석해 주셔서 감사합니다'

'정모에 참석해 주셔서 고맙습니다' 했을 때에

'감사합니다'와 '고맙습니다'는 거의 같은 뜻입니다.

그런데 여기서 두 낱말의 품사를 눈여겨보면, '고맙습니다'는 형용사이고 '감사합니다'는 동사입니다. 좀 더 풀어서 얘기하면, '고맙습니다'는 거래처에 돈 떼이느라 바쁘고, 값싼 외주비에 가슴앓이 하느라 여력이 없을 텐데도 정모에 참석해 준 너희에게서 회장인 내가 그 고마운 마음을 한없이 느낀다는 뜻이고, '감사합니다'는 그런 너희에게 회장으로서 감사한다는 뜻입니다. 그렇듯, 여기서 고마운 마음의 주체는 회원들인 것입니다.

이렇게 '고맙다', 즉 고마운 마음은 그 마음에 대해 다른 이가 감사하는 마음을 말합니다. 바로, 남이 베풀어 준 호의나 도움 따위에 대하여 마음이 흐뭇하고 즐거운 것이 '고맙다'인 것이지요.

아직 뭔 말인지 헷갈리면 좀 더 덧붙여 설명하겠습니다.

회장이 회원들에게 의전용이든 아니든, 고맙습니다, 감사합니다 했을 때에 회장에게 회원들은 '고마운 사람'이지 '감사한 사람'은 아니라는 얘기입니다. 요컨대, 회장은 회원들에게 고마움을 느끼고 그렇게 여기기 때문에 감사를 하는 것입니다.

그런데 우리 일상에서는 다행히도 그렇게까지 심하게 따져가며 '고마움'과 '감사'를 가려 쓰지는 않습니다. 그냥 혼동된 상태에서 익숙한 대로 쓰게 마련인데 얼치기 언어순화주의자들 주장처럼 '감사'가 일제의 잔재니, 한자말이니 하며 굳이 누구나 쓰는 '감사'를 '고마움'으로 모조리 바꿔 쓸 필요는 없습니다. 제대로만 알고 그때그때 상황에 맞춰 쓰면 되는 것이지요.

예를 들어, 예수쟁이인 내가 기도를 할 때에 '고마우신 아버지 하나님' 하면 맞는 말이지만 '감사하신 하나님 아버지' 하면 어딘지 어색한 말이 되고 맙니다. 은혜를 베풀어 주는 하나님의 고마운 마음을 내가 느끼기 때문에 감사의 기도를 그분께 올릴 수 있는 것입니다.

'단언컨대'와
'생각건대'

우리가 살면서 어떤 것에 대해 주저하지 않고 딱 잘라 말할 수 있는 게 대체 얼마나 될까요? 복잡하고 길게 설명할 필요 없이 한 광고에 나오는 이병헌 버전으로 '단언컨대' 말입니다. 지난해에 등장해 여전히 온갖 패러디를 낳으며 그 말이 유행되는 현상은 오늘을 사는 우리네 마음을 고스란히 반영하는 게 아닌지 모르겠습니다. '단언컨대'는 어떤 사물이나 사안에 대한 자신감의 표현일 수도 있겠지만 자칫 자신의 생각만이 옳다는 성급한 자기 확신으로 흐를 수도 있으니까요. 생각건대, 내 경우에는 나이가 들다 보니 딱 잘라 말할 수 있는 것보다 아무래도 이런 저런 이야기를 덧붙여야 마음이 놓이는 것이 많습니다.

생뚱맞게 유행어 이야기나 하자는 것은 아닙니다. 앞선 문장을 보면 나는 '건대'라는 어미를 쓰면서 '단언컨대'와 '생각건대'라고 다르게 썼습니다. '건대'는 일부 동사의 어간 뒤에 붙어 뒤 절의 내용이 화자가 보거나 듣거나 바라거나 생각하는 따위의 내용임을 미리 밝히는 연결어미입니다. 그 연결어미가 '−하다'와 결합하는 말 가운데 앞말의 받침이 유성자음 'ㄴ, ㄹ ㅁ, ㅇ'을 제외한 'ㄱ, ㄷ, ㅂ, ㅈ'일 때에는 하를 통째로 줄여 '생각건대' 형태로 써야 합니다. 그 밖의 경우에는 'ㅏ'만을 줄여 남아 있는 'ㅎ'이 뒷말의 첫소리와 어울려 거센소리로 나기 때문에 '단언컨대'의 형태로 적어야 맞는 것이지요. 바로 한글맞춤법 4장 40항의 〈어간의 끝음절 '하'의 'ㅏ'가 줄고 'ㅎ'이 다음 음절의 첫소리와 어울려 거센소리로 될 적에는 거센소리로 적는다〉는 규정 때문입니다. 이해를 돕기 위해 좀 더 예를 들겠습니다.

〈유성자음과 결합하여 뒷말의 첫소리인 거센소리가 된 형태〉

본말	준말	본말	준말
간편하게	간편케	다정하다	다정타
연구하도록	연구토록	정결하다	정결타
가하다	가타	흔하다	흔타

〈유성자음 외의 자음과 결합하여 '하'가 통째로 준 형태〉

본말	준말
거북하지	거북지
생각하건대	생각건대
생각하다 못해	생각다 못해
깨끗하지 않다	깨끗지 않다
넉넉하지 않다	넉넉지 않다

못하지 않다   못지 않다

섭섭하지 않다   섭섭지 않다

익숙하지 않다   익숙지 않다

그러니 생각하건대의 준말인 '생각건대'를 '생각컨대'로 쓰거나 짐작하건대의 준말인 '짐작건대'를 '짐작컨대'로 쓰는 것은 틀린 것입니다. 덧붙여 '단언컨대'를 '단언컨데'로 쓰는 것도 흔히 볼 수 있는데 우리말에 '-건데'라는 어미는 없으니 주의해야 합니다.

엊그제만 해도 내복이 아쉬웠는데 갑자기 낮 기온이 20도를 넘나듭니다. 남쪽에선 일찍 찾아온 꽃 소식이 들려오기도 합니다. 요즘 같은 날씨를 두고 간혹 '봄이 빨리 왔네' 하고 표현하는 사람을 볼 수 있습니다. 봄이란 계절이 어느 시점까지 오는 시간을 측정할 수 있는 것이 아니므로 당연히 '빨리'가 아니라 '일정한 시간보다 이르게'란 의미를 지닌 '일찍'이라고 쓰는 것이 맞습니다. '이르다'와 '빠르다'의 쓰임은 그 반대말을 떠올리면 쉽게 가려낼 수 있습니다. '이르다'의 반대말은 '늦다'이고, '빠르다'의 반대말은 '느리다'이니 좀 더 명확하게 뜻을 헤아릴 수 있겠지요.

한마디로 '느리다'는 시간적으로 이르지 않음을 뜻하는 형용사이고, '늦다'는 어떠한 시간 안에 미치지 못함을 가리키는 자동사입니다. 그런데도 '고장이 났는지 전철이 무척 늦네'라든지, '강아지가 고양이보다 뛰는 게 늦네' 하는 식으로 잘못 쓰는 것을 볼 수 있습니다. 그때에는 빠르지 못함을 뜻하니까 '느리네'로 써야 맞습니다.

별 거 아닌 것 같은 쉬운 우리말도 이렇게 잘못 쓰는 예는 많이 있습니다. 이따금 거창한 행사에서 방귀깨나 뀔 법한 사람이 '이 자리를 빌어 감사의 말씀드립니다' 하는 것을 볼 수 있는데 도대체 그 자리가 어떤 자리기에 점잖게 생긴 양반이 공짜로 달라고 호소하는지 모를 일입니다. 그때에는 '빌려'로 써야 맞습니다. '남의 물건을 공짜로 달라고 호소하여 얻다' 즉, 구걸을 뜻하는 '빌어'를 '빌려' 대신 착각하여 쓴 것이지요. 또 '잔디에 앉지 말라'나 '상한 고기를 먹지 말라' 하는 식으로 쓰는 것을 볼 수도 있는데 '말다'에 명령형 어미 '-아(라)'를 붙여 쓸 때에는 그냥 '앉지 마라' '먹지 마라' 형태로 모두 '마라'로 써야 합니다. 다만 '아버지께서 분명히 팔지 말라고 했다'나 '그 따위 물건 팔지 말라는(말란) 말이야'에서처럼 간접 명령문에서는 그대로 '말라'를 써야 맞습니다.

쉽지만 헷갈리는 낱말 가운데에는 딱히 의미가 달라지는 것은 아니지만 쓰임새를 조금 달리할 필요가 있는 것도 있습니다. 예컨대, 우리가 흔히 쓰는 '있다'와 '이따' 같은 경우입니다. '있다가'의 줄임말인 '있다'는 용언 '있-'에 어떤 동작이나 상태 따위가 멈추고 다른 동작이나 상태로 바뀌는 것을 나타내는 연결 어미 '-다(가)'가 붙은 형태입니다. '이따(가)'는 어원적으로 보면 '있다'에서 파생된 것으로 짐작할 수 있는데 이미 '조금 지난 뒤에'라는 의미의 부사로 굳어진 낱말입니다.

그래서 시간이 조금 지나서 간다는 듯으로 쓸 때에는 '조금 이따 갈게'

라고 쓰고, 어디선가 머물다가 간다는 뜻으로 쓸 때에는 '여기서 조금 있다 갈게' 하고 쓰는 것이 맞습니다. 같은 문장이라도 상황에 따라 달리 쓰면 의미가 좀 더 분명하게 전해지는 것이지요. 또 형태는 다르지만 같은 말처럼 잘못 쓰는 낱말도 있습니다. 흔히 시간이나 공간이 다붙어 몹시 가깝다거나 길이가 매우 짧은 것을 이를 때에 '바트다', '바투다', '밭트다' 등으로 잘못 쓰는 형용사 '밭다'가 그것입니다. '밭다'는 현재형 '밭다'의 어간 '밭-' 뒤에 현재 사건이나 사실을 서술하는 뜻을 나타내는 종결어미 '-다'가 붙은 것으로 오로지 '밭다' 형태로만 쓰는 것이 맞습니다.

'글쓰기'란 무엇인가?

글을 쓴다는 것은 무엇일까요? 밥을 먹는 것도, 잠을 자는 것도 아닌 글을 쓴다는 것은 과연 무엇을 의미할까요? 글쓰기가 사람의 정신을 나타내는 한 형태라는 가장 기본적인 명제로부터 가리사니를 잡자면, 누구라도 자기가 생각하는 것을 표현하기 위해서 글쓰기를 할 수 있습니다.

다시 말하면 아직 정돈되지 않은 상태로 가득 차 있는 사고의 조각을—그것은 한편으로 매우 억압적이기도 합니다—누구라도 글쓰기를 통해 자유롭게 풀어놓을 수 있다는 얘기입니다. 그 같은 글쓰기의 자유로움은 어디서부터 출발하는 것이고, 또 얼마나 누릴 수 있는 것일까요? 30년이 넘게 글쓰기를 해온 내 경험에 비추어도 그 한계를 규명해 내는 것은 쉽지 않은 일입니다.

왜냐하면 아무리 생각을 거듭하고, 써야 할 대상이 떠올라도 막상 글쓰기에 들어서면 단어 하나 문장 한 줄에 막히기가 일쑤요, 생각에 걸맞은 표현이 제대로 떠오르지 않기 때문이지요. 아무리 능숙한 프로에게도 한마디로 자유롭기는커녕 온통 장애물투성이인 셈입니다.

결국 자유스러워야 할 글쓰기가 때로는 사고를 옥죄는 계기가 되고 심하면 글쓰기 자체를 포기하게 만들기도 합니다. 왜 이러한 현상이 빚어지는 것일까요? 성급한 판단일는지 모르겠는데, 어떤 글이 감성을 적시는 것이든, 이성의 전달을 꾀하는 것이든, 개인의 생각과 마음을 결정짓는 규범과 풍속에서 자유롭지 못하기 때문에 글쓰기는 항상 어려운 일에 속하는 것으로 생각됩니다.

부연하자면 이렇습니다. 우리의 생각과 마음이 정신 영역에 따라 나뉘어 기호화된 약속인 '문자'로 표현되는 게 글입니다. 따라서 누가 쓰든지 간에 글은 일정한 규범과 풍속이라는 그릇에 담길 수밖에 없지요. 그런데 문제는 그 그릇은 형체가 없어서 어떻게 담느냐 또는 어떻게 보느냐에 따라 모양이 달라지기도 한다는 점입니다. 그렇기 때문에 우리는 일단 그릇의 모양이나 빛깔을 알기 위해 문법 또는 맞춤법 등의 질서와 여러 가지 수사에 필요한 과학적 인식의 틀을 마련해 놓고 있는 것이지요.

그런데 그것을 먼저 생각하다 보면 대체로 상상력은 위축되고, 형식을 뛰어 넘는 미학적인 구도를 기대하기는 더 더욱 힘들어지게 됩니다.

물론, 애초부터 그 질서와 틀을 모두 새기면서 거기에 맞춰 글을 쓰는 미친놈은 드물 겁니다. 또 그렇게 할 필요도 없습니다. 우리에게 주어진 삶이란 어차피 무질서한 것이며, 그러한 삶 속에서 얻어진 진실을 내면화하여 글로 형상화하는 데에 반드시 규격화한 그릇이 필요하거나 상투화된 어법이 필요한 것은 아니기 때문이지요. 화장실 벽의 절박한 낙서 하나도 얼마든지 감동을 주는 시가 될 수 있으며, 문장이나 문법이 엉망진창인 베스트셀러나 소설은 헤아리기 힘들 정도로 많습니다. 글을 쓰는 데에 자유로움을 얻는다는 것, 더욱이 좋은 글을 쓴다는 것은, 역설적으로 그 질서와 틀을 인정하면서도 스스럼없이 그것을 파괴해 나가야만 가능해지는 것입니다. 그런데 파괴를 위해서는 그것을 왜 파괴해야 하는 것이며, 파괴해야 할 대상을 그 자신이 얼마나 정확하게 파악하고 있느냐가 분명해야 합니다. 그것이 시든 소설이든 글쓰기의 내적 필연성이고, 훈련에 의해 극복되는 글 쓰는 자의 통과의례이자 당위이기도 하지요.

나는 그것을 내면의 '해체'라고 말하고 싶은데, '해체'에 이르는 이 글쓰기의 과정은 기존의 질서를 부정하는 게 아니라 또 다른 질서를 통해 자기 세계를 풍요롭게 하는 하나의 사이클로 존재하게 만드는 일입니다. 그 과정을 통해 글 쓰는 사람은 세계를 보고 독자를 만나며 또 다른 파괴의 대상을 발견하는 것이지요. 그 파괴를 게을리 하거나 보이는 세계에만 안주해 버리면 자연히 글 쓰는 자는 앞서 언급한 규범과 풍속에서 더욱 벗어나기 힘들어지게 됩니다.

이는 글 쓰는 이들에게 주어지는 숙명적인 딜레마이기도 합니다. 줄기찬 독서나 피나는 훈련 등의 자기 노력만으로 그 딜레마에서 빠져 나올 수만 있다면 글쓰기를 통해 새로운 질서 따위를 꿈꾸지 않아도 됩니다. 그런데 탁월한 이론서가 수세기를 두루 내려오는 문학 작품이 될 수 없듯이 글쓰기는 기능공의 그것 이상이 요구되는 까다로운 작업입니다. '상상력'이라는 이름으로 동원되는 글쓰기의 이 중요한 덕목은 시공의 질서로부터 자유롭게 된 기억의 한 양상인 공상과는 그 성분이 또 다른 것이지요. 그래서 그 글이 쉽다거나 어렵다거나, 세련됐느니 서툴다느니 하는 평가는 여전히 상대적 잣대에 의한 평가일 뿐이지 상상력을 제한 또는 억압하는 조건이 되지는 않습니다.

시와 소설, 인터넷 어느 게시판의 잡문에 이르기까지, 책을 더 팔아먹기 위해서건, 자아실현을 위해서건, 어쭙잖은 삶 속에서의 도피 목적이건, 인정받고 싶은 욕구 때문이건, 자기 딸딸이를 위해서건, 모든 글쓰기는 바로 그 혼돈 자체인 세상에 글쓴이 나름대로 어떤 질서를 부여하려는 정신적 노력의 산물이라는 점은 마찬가지라는 얘기입니다.

그런데 좋은 글을 쓰려고 하거나 글쓰기를 통해 좀 더 자유롭기를 원한다면 파괴의 대상에 대해 정면으로 부딪혀서 스스로 솔직하게 한계를 인정하고 거듭나기를 두려워하지 말아야 할 것입니다. 우리가 감동하는 것은 글 쓰는 자가 파괴된 질서를 통해 보여주는 '자기 세계'의 건강성이나 진정성이지 누가 어떤 대가의 문체를 흉내 내고, 어려운 말로 '똥폼'을 잡고, 자신도 주체 못할 어떤 무게를 잡느냐가 아니기 때문입니다. 자유로운 상상력, 즉 글쓰기의 자유로움은 자신이 만들어 가는 세계가 자신에게 얼마나 정직한 것이며, 독자에 대해 얼마나 부끄럼이 없는 것이냐에 달려 있습니다. 그래서 그 부끄러움의 주체는 항상 글 쓰는 사람 자신이 되는 것이지요.

글 좀 바르게 쓰면 좋지 않을까 하는 취지를 전하고자 하는 이 책에 어쩌면 생뚱맞을 수도 있는 이 글을 싣는 까닭은 글을 쓰는 누구라도 맞춤법이니 어문 규정이니, 수사학 따위의 틀에 미리부터 주눅들 필요는 없다는 점을 강조하고 싶어서입니다. 세상의 어떤 것이든 제 자리를 지킬 때 아름답습니다. 하지만 그 자리를 지키도록 하는 것이 어떤 경우에든 권위적 독선이나 외압이어서는 곤란합니다. 우리말 바로 쓰기도 마찬가지입니다.